사회복지현장실습

이영실 • 조미숙 • 이미선 • 강윤경

창지사

사회복지현장실습

이영실 · 조미숙 · 이미선 · 강윤경

창지사

머 리 말

사회복지는 대학(대학원)에서 배운 사회복지의 다양한 이론과 방법론들을 현장에서 개별 대상, 집단 대상, 지역주민 대상 중심으로 직접 실천하는 실천학문이다. 따라서 사회복지현장실습은 사회복지교육의 핵심이라 할 만큼 매우 중요한 분야입니다.

본 교재의 구성은 크게 네 가지로 이루어졌는데, 이러한 구성은 한국사회복지교육협의회가 지침서로 만든 2006년 사회복지학 교과목 지침서에 근거하여 만든 것입니다. 본 교재의 구성을 보면 1장에서는 실습선행과정 즉, 실습 선수과목 이수 여부와 확인, 실습기관에 대한 정보 제공, 실습기관 선정, 실습기관별 실습학생 확정 및 통보, 학생별 실습 목표 수립 중심으로 다루었고 2장에서는 실습과제 및 실습 슈퍼비전 중심으로 실습현장지도를 다루었습니다. 3장에서는 실습세미나 즉, 실습보고서를 통한 실습지도 및 학생의 실습보고세미나 중심으로 살펴보았고 마지막인 4장에서는 실습평가로 여기에는 평가시기와 3자 평가인 학생, 기관의 실습 슈퍼바이저, 대학 실습지도교수 등 중심으로 살펴보았습니다.

본 교재는 사회복지현장실습을 사회복지를 전공하는 학생들이 사회복지전문성 강화를 하고자 하는 의미에서 임상사회사업학회에 소속된 사회복지실천의 임상적 경험이 있는 이사들 중심으로 만들어졌습니다. 본 교재가 사회복지 전공한 학생들에게 사회복지현장실습의 귀중한 지침서가 되기를 바랍니다. 그리고 실습 슈퍼바이저와 실습기관에게도 표준화된 사회복지현장실습의 지침서가 되기를 바랍니다.

네 명의 저자들이 열심히 교재집필에 노력을 했음에도 불구하고 아직도 부족한 부분이 있을 것이라 사료됩니다. 향후 더욱 발전된 사회복지현장실습의 교재가 나올 수 있도록 사회복지분야에 계시는 전문가들의 조언과 지적을 겸허히 수용하고자 하니 지속적인 조언과 지지를 부탁드립니다.

그리고 본 교재를 집필하는 과정에서 지속적인 지지를 해주신 한국임상사회사업학회 이윤로 회장님께 감사드리며 여러 가지로 수고해주신 권향림 이사님께도 감사를 드립니다. 아울러 본 교재의 집필을 위해 물심양면 수고하신 창지사의 김기섭 사장님과 임원 및 담당자들에게 감사의 뜻을 전합니다.

2010. 3.

공동 저자: 이영실 · 조미숙 · 이미선 · 강윤경

차 례

■ 머리말/3

CHAPTER 01 **실습선행과정** ······ 11

1. **실습 선수과목 이수 여부와 확인** ······ 11
2. **실습기관에 대한 정보 제공** ······ 13
   1) 기관 소개/12
   2) 실습기관 선정/15
3. **실습기관별 실습학생 확정 및 통보** ······ 31
4. **학생별 실습 목표 수립** ······ 32
   1) 실습의 목표/32
   2) 주체에 따른 목표/36
   3) 목적에 따른 목표/37
5. **실습 전반에 대한 사전교육** ······ 38
   1) 학교의 실습 오리엔테이션/39
   2) 기관의 실습 오리엔테이션/41
   3) 비공식적인 오리엔테이션/42

[참고문헌] ······ 44

CHAPTER 02 **실습현장지도** ······ 47

1. **실습과제** ······ 47
   1) 실습과제의 목적 및 선정기준/47
   2) 실습과제 수행의 전제 조건/49
   3) 실습과제의 유형/57

2. 실습 슈퍼비전 ··· 78
1) 실습 슈퍼비전의 개념과 기능/78
2) 실습기관의 실습 슈퍼바이저의 역할 및 업무/82
3) 실습 슈퍼비전의 방법 및 활용 도구/88
4) 실습 슈퍼비전의 과정/90
5) 실습과정에서 겪는 문제 상황들을 위한 슈퍼비전/91
[참고문헌] ··· 95

CHAPTER 03 실습세미나 ··· 101
1. 실습보고서 ··· 101
2. 중간평가서 ··· 102
3. 학습계획서 ··· 104
4. 기관 분석 보고서 ··· 108
5. 실습일지 ··· 109
6. 집단과정 기록지 ··· 110
[참고문헌] ··· 144

CHAPTER 04 실습평가 ··· 147
1. 실습평가의 개념과 필요성 ··· 148
1) 실습평가의 개념/148
2) 실습평가의 과학철학적 기반/150
3) 실습평가의 필요성/151
2. 실습평가의 유형과 기준 ··· 151
1) 실습평가의 유형/151
3. 실습 체계와 체계 간의 상호 관계 ··· 155
4. 실습 체계의 역할강화 : 대학과 기관 ··· 156
5. 사회복지 실습평가의 목적 ··· 161
6. 사회복지 실습평가의 기능 ··· 162

7. 실습의 세 가지 영역 : 행정, 교육, 평가 ······ 163
8. 각 영역에 따른 역할 ······ 165
1) 행정 영역/165
2) 교육 영역/168
3) 평가 영역/170
9. 실습을 위한 학습 계약서(Educational Agreement or Contract) ······ 172
10. 실습평가서(Evaluation of Field Instruction Performance) ······ 175
[참고문헌] ······ 179

01 CHAPTER

실습선행과정

1. 실습 선수과목 이수 여부와 확인

사회복지학과(부)의 실습은 사회복지학과의 전공 기초과목 및 사회복지 분야별 전공과목의 일부를 이수한 후인 3학년 이상부터 시작되고 있다. 따라서 실습생들은 실습에 들어가기 전에 원하는 실습기관과 관련 분야에서 필요한 지식과 기술을 재점검하고 정리하여 클라이언트의 문제해결을 위한 서비스 제공이나 실습과제의 수행에서 이들을 충분히 활용할 수 있도록 한다. 실습학기 중에라도 실습 분야에 따른 관련 분야의 과목에 대하여 수강하도록 한다.

(〈예 1〉 정신장애인을 위한 정신건강론이나 정신보건사회복지론, 아동을 위한 아동복지론, 장애인을 위한 장애인복지론 등이 그것이다. 실제로 많은 실습기관에서는 해당 관련 과목의 이수 여부를 검토하고 실습생을 선정하는 중요한 방침을 정해놓고 있다).

(〈예 2〉 거의 모든 장애인복지기관에서는 장애인복지론을 해당기관에서 실습의 선수과목으로 정하고 있으며, 이 밖에도 지역사회복지관에서 방과 후 아동지도, 지역사회보호, 지역사회조직 등의 업무를 수행하는 것이 실습의 주요 과제가 되는 경우에는 이와 직접적으로 관련이 있는 과목을 이수하도록 하고, 이러한 과목에서 배운 지식을 적극적으로 활용하도록 한다).

이렇게 실습을 위한 여러 과목을 각 학교마다 선수과목이라는 것으로 정리해 놓았으며 실습의 선수과목이라는 것은 실습을 신청하기 전에 이수해야 할 전공과목을 의미한다. 실제로 각 대학이나 대학원에서의 선수과목은 학교상황에 따라 다를 수 있으나 공통적으로 전공해야할 과목은 다음과 같다.

실제 각 대학이나 대학원에서의 선수과목은 학교상황에 따라 다를 수 있으며 〈표 1-1〉을 보면 알 수 있으며 실습생이 실습을 신청하기 전에 공통적으로 이수해야 할 전공과목은 〈표 1-2〉와 같다.

실습 선수과목에 대한 이수여부 확인은 학생으로 하여금 사회복지 기초과목 및 관심 분야 관련 교과목을 이수했는지 점검하게하고 부족한 과목에 대해서는 학교에서 지도하고, 교육받도록 하는 데 있으며 이는 학생들의 실습에 대한 준비성 및 동기유발을 촉진시키는 데 목적이 있다.

〈표 1-1〉 학교별 실습 선수과목

대 학 명	선 수 과 목				
한림대학교 사회복지대학원	사회복지 정책론	사회복지 실천기술론	사회복지 조사론	사회복지 행정론	사회복지 정책분석
경원대학교 사회정책대학원	사회복지 개론	인간행동과 사회환경	사회복지 법제	사회보장론	사회복지 발달사
국제디지털 대학교입학홍보처	사회복지 개론	인간행동과 사회환경	사회복지 실천론	사회복지 정책론	
전북대학교 사회복지학과	사회복지 개론	사회복지 실천론	사회복지 실천기술론		
성결대학교 사회복지학과	사회복지 개론	사회복지 실천론	지역사회 복지론	사회복지 실천기술론	

〈표 1-2〉 실습 신청 시 이수해야 할 전공과목

필수이수과목 (10과목 중 4과목이상 이수)	사회복지개론, 사회복지법제, 사회복지실천론, 사회복지실천기술론, 사회복지정책론, 사회복지조사론, 사회복지행정론, 사회복지현장실습, 인간행동과 사회환경, 지역사회복지론
선택과목 (택 4과목)	아동복지론, 청소년복지론, 장애인복지론, 교정복지론, 노인복지론, 여성복지론, 의료사회사업론, 정신건강론, 정신보건사회사업론, 가족복지론, 학교사회사업론, 자원봉사론, 사회문제론, 사회복지 임상심리, 사회복지 특강, 프로그램개발과 평가 등

2. 실습기관에 대한 정보 제공

실습기관에 대한 정보 제공은 실습생이 실습교과목을 수강 신청하는 과정에서 필수적으로 선행되어야 하는 것이다. 대학에서 사전에 접촉하여 개발한 실습기관에 관한 일반적인 정보(실습기관 소개 파일)를 제공하여 학생들이 자신이 원하는 기관을 선택할 수 있도록 하며, 이때 우선순위를 정하여 신청하도록 한다(한국사회복지교육협의회 '2006년도 사회복지학 교과목 지침서', 2006). 학생의 실습기관이 결정되고 나면 실습기관에서는 실습생이 도착하기 전에 이들을 위한 충분한 준비를 해야 한다.

실습기관에서는 주로 실습교육 시작 전에 특정한 날 하루 정도를 지정하거나 실습교육의 첫날 또는 첫 주 동안에 구조화된 오리엔테이션을 제공하여 실습기관에서 실습생들이 권리와 책임을 가진 예비사회복지사로서 인식할 수 있도록 원조해야 한다. 각 실습기관에서 실시되는 오리엔테이션의 내용에는 기관의 설립 목적, 설립 배경 등을 설명하고 직원소개, 실습일정 및 실습내용을 고려하여 슈퍼바이저를 배정한다(류종훈, 2005).

실습기관에 실습생이 한 명인 경우나 여러 명인 경우에 따라 오리엔테이션의 형태가 다소 차이가 있을 수 있겠으나 오리엔테이션은 반드시 필요하며, 이는 공식적인 오리엔테이션과 비공식적인 오리엔테이션 모두 포함한다(오혜경 · 하지영, 2007).

1) 기관 소개

실습기관의 소개는 주로 오리엔테이션에서 이루어진다. 오리엔테이션 내용은 학교의 오리엔테이션 내용과 밀접한 관련이 있다. 학교에서 빠진 것은 기관에서 보충해야 하고 같은 내용으로 중복되는 일은 없어야 하며, 기관만의 특정한 내용에 초점을 두도록 한다(김선희 · 조휘일, 2000). 실습생을 위해서 체계적이고 준비된 공식적인 오리엔테이션을 제공하는 기관에서는 실습지도자뿐만 아니라 기관의 다른 직원들도 함께 이를 미리 준비하여 실습생들에게 기관의 다양한 면을 소개하는 데 그 내용은 다음과 같다.

① 기관 전반에 대한 정보를 제공한다.

② 기관 내 부서별 주요 사업과 프로그램을 소개하여 기관에서 제공하고 있는 서비스에 대한 정보를 알 수 있도록 한다.

③ 기관이 위치하고 있는 지역사회의 특성과 클라이언트의 구성에 대한 정보, 지역사회 내 기관의 역할에 대한 정보를 제공한다.

④ 지역사회 내 다른 유관기관 및 기관에서 이용할 수 있는 지역사회 내 자원에 대한 정보를 제공한다.

⑤ 기관과 클라이언트에 대한 실습생의 책임과 의무를 강조하며, 특히 행동지침, 복장, 시간엄수 등 기본적인 사무규칙에 대한 구체적인 주의사항을 알려준다.

⑥ 실습기간 중 실습생의 신분에 대한 규칙을 정한다.

⑦ 직원회의나 팀 모임에 실습생들이 참석해야 하는지에 대해서도 알려주어야 한다.

⑧ 이 외에도 기관에 따라 기관장, 부장, 과장 등 기관의 간부나 경험이 많은 사회복지사가 사회복지 실무와 관련한 중요 사안에 대한 세미나를 제공하는 등 다양한 프로그램을 준비하고 이에 대한 실습생들의 피드백을 받기도 한다.

⑨ 병원 등 의료기관에서는 실습생들에게 전문용어나 그 기관에서의 특수한 절차 등을 익히

는 시간을 마련한다.

이상의 공식적인 오리엔테이션 과정을 통해 공식적으로 실습생을 기관구성원의 일원이 될 것에 대한 환영의 뜻을 전함과 동시에 실습생들은 자신의 존재와 실습기간에 대해 기관 구성원들에게 알리는 계기가 되기도 한다. 이 외에도 좀 더 섬세하고 세부적인 내용을 포함하여 실습생들을 위한 오리엔테이션을 하고자 할 때 아래와 같은 내용을 첨부시킨다(김선희 · 조휘일, 2000).

① 오리엔테이션 핸드북에 있는 학생들이 알아야 할 기본적인 항목들
 – 주차시설과 규칙, 화장실 위치, 식사장소 및 위치, 점심시간 및 휴식시간, 복장, 보험 보상, 여행 및 기타 비용의 보상, 공휴일, 휴무일, 출석, 전화사용, 안전예방책 등
② 오리엔테이션 스케줄
 – 언제, 어디서, 누가 할 것인가? 그리고 학생 이름, 학교, 실습지도자, 과제, 실습시간, 사무실 위치에 대한 목록을 만들어 모든 직원에게도 나누어 줌.
③ 기관 · 부서 · 서비스 전달체계가 하는 일, 하지 않는 일, 기관의 역사, 재원, 프로그램 개발방법, 서비스 대상 유형 및 욕구, 직원의 위치 및 직책, 사회복지사의 활동 및 직원의 일상적 역할, 학생의 배정부서에 대한 설명.
④ 학생을 사무직원과 접수부에 소개하여 학생 이름과 얼굴을 익히게 하며 학생의 전화번호와 주소도 기록해 놓음.
⑤ 사무절차 및 기록체계의 소개, 문서양식 작성, 복사물, 테이프, 우편물, 메시지의 처리방법을 설명.
⑥ 기관의 통계집계 절차, 사례 및 기록의 활용에 관해 설명.
⑦ 기관이 요청하는 레코딩의 요건, 즉 접수, 이송, 의뢰, 종결, 사회력 조사 등 그 외의 다른 보고서 작성을 위한 개요의 복사본을 배부해 줌.
⑧ 학생이 기관의 문서기록, 기관 밖으로 나가는 보고서 및 문서, 클라이언트, 가족, 그 밖의

사람들과의 구두 접촉에서 자기자신의 신분을 명확히 제시하는 방법을 가르치고 경우에 따라 필요한 실습지도자의 협동서명에 대한 설명 등도 해 줌.

⑨ 학생이 기관의 주요 행정가나 선임 실습지도자를 만나는 절차 및 유의사항을 설명.

⑩ 기관의 도서실 및 시청각 기자재에 대해 소개.

⑪ 기관의 비밀보장의 요건에 관한 교육 및 정보의 공개 및 사용방법에 대해 설명.

⑫ 학생이 접근해야 할 참고자료

– 기관 내 및 지역사회의 전화번호부, 기관 혹은 부서의 절차 매뉴얼, 지역사회 자원정보, 사전, 기관이 특별히 필요로 하는 참고문헌 및 자료, 기관직원들이 이용하는 참고자료

⑬ 기관직원을 위한 매뉴얼을 읽도록 독려하여 직원의 인사규정, 병가기간, 연차, 무급휴가, 그리고 고용규정, 해고, 승진 등을 숙지.

⑭ 필요시 개인적 면접장소의 활용방법을 설명하여 클라이언트나 가족이 기다리는 동안 면접실을 찾아야 하는 번거로움을 없애기로 함.

⑮ 안전수칙, 도난방지, 사고예방책 등에 대한 지시가 필요.

⑯ 실습근무 중 독서가 가능함을 말해 준다. 수업시간에 읽어야 할 것은 금지되나, 실습교육의 특수한 임무수행에 문제가 생기면 독서를 할 필요가 있음.

공식적인 오리엔테이션 후에는 실습지도자가 실습생과 개별적인 시간을 가질 수 있도록 하여 실습생들이 오리엔테이션 과정에서 궁금한 점 등을 알아볼 수 있도록 한다. 또한 이 시간을 통해서 실습생과 함께 실습계약서를 작성하여 구체적인 실습지도계획을 논의한다.

실습 시작 전에 실습지도자는 실습생에게 실습 업무를 부여하기 위한 준비와 전체적인 사전계획을 세우고, 이에 따른 구체적이고 세부적인 실습 일정과 내용을 계획한다. 이후 실습 시작 전 혹은 실습 초기에 실시되는 오리엔테이션을 통해 실습생에게 실습 계획을 설명하고, 기관소개 및 프로그램 등을 안내한다. 오리엔테이션은 일반적으로 사전 1회로 진행되며 주로 실습 첫날 이루어진다. 이는 실습생이 기관의 환경에 적응할 수 있도록 돕는 기능(김형모, 2004)을 하

며, 실습생의 기관에 대해 책임과 의무를 다하는 자세를 만드는 데 있다.

2) 실습기관 선정

(1) 기관의 실습교육 규정

실습기관 선정에서 대학의 실습지도교수는 학생이 제출한 실습기관 신청서의 우선순위에 따라 실습기관을 결정하고, 확정된 실습기관을 학생에게 통보하며, 학생은 실습신청기관과 접촉하여 기관의 실습교육규정(실습비 납부, 인원수 제한, 기자재 사용 규정 등)등을 고려하여 최종 결정케 한다(한국사회복지교육협의회 '2006년도 사회복지학 교과목 지침서'). 또한 3년 이상의 실무경험이 있는 사회복지사 1급이 전임으로 근무하고 있는 사회복지기관 및 관련기관(병원, 상담소, 법원, 교정기관, 학교 등)을 실습기관으로 선택하는 것을 한국사회복지교육협의회의 원칙으로 하고 있다. 원칙을 고수하고 보다 짜임새 있는 실습과 사회복지사의 전문성 향상을 위한 실습을 위하여 보건복지부가 인증한 실습기관의 인증제 도입에 대한 의견이 나오는 가운데 전체 응답자의 91.5%가 보건복지부에서 인증한 실습기관 인증제의 도입에 적극적으로 찬성의 의견을 나타냈다. 이는 현행 사회복지현장실습이 체계적으로 이루어지지 않고 있다는 자성적인 측면과 사회복지 전문성을 강화하기 위한 전문적인 측면, 사회복지현장실습에 대한 기관의 책임성 강화 측면 등을 모두 고려한 결과가 아닌가 생각해본다. 조속히 사회복지현장 실습기관 인증제도를 도입하여 사회복지교육과 사회복지현장 간의 체계적인 실습교육을 강화시킬 수 있는 방안을 모색해 보아야 한다(한국사회복지사협회, 2006).

(2) 실습기관의 조건

기관의 선정은 실습에 있어 가장 중요한 일 중의 하나이다. 여러 사회복지기관 중 어느 곳을 실습기관으로 선정할 것인가에 대한 선택은 매우 어렵고, 사회복지학을 전공하는 학생의 미래를 좌우하는 결정이 될 수도 있다(김형모, 2004). 이러한 실습기관을 선정할 때 각 기관은 기본적인 조건을 갖추고 있어야 한다. 클라이언트와 지역사회를 대상으로 제공하는 서비스의 행정절차가 사회복지사업법에 일치해야 하고, 실습기관의 재정적 지원의 안정성확보와 지역사회변화에 대한 대처능력을 가지고 있어야 한다. 실습생 교육을 위하여 다양한 학생을 균형 있게 다룰 수 있는 능력이 있어야 하고 진취적인 실습기준에 부합하도록 계속 노력하여야 하는 것 등이다(김정진, 2004).

현실적으로 실습기관의 선정은 여러 경로를 통해 이루어진다. 보다 구체적으로 교수, 사회복지기관의 실무자 혹은 학생이 특정 기관을 실습기관으로서 결정하기도 한다. 또 기관이 사회복지학과에 공문을 보내거나 전화를 해서 실습생을 보내줄 것을 요청하기도 한다. 혹은 기관이 직접 실습지도교수에게 실습생 배정을 요청하기도 한다. Royse, Dhooper & Rompf에 의하면 실습기관은 기관의 프로그램, 학생에게 제공되는 실습교육내용, 슈퍼비전을 줄 수 있는 전문인력에 대한 정보를 제공하여야 한다고 하였다. 이상적 실습기관이 되기 위한 조건은 다음과 같다(류종훈, 2005).

첫째, 효과적인 슈퍼비전과 전문적 실습교육을 제공할 수 있는 복지환경과 능력 있는 사회복지사가 있는 기관

둘째, 사회복지윤리와 철학, 가치 그리고 사회복지전문가 훈련에 대한 계획과 헌신적 태도를 가진 기관

셋째, 대학의 교육목적에 알맞은 다양한 프로그램을 가지고 있는 기관

넷째, 적절한 물리적 환경(면접장소, 책상, 전화, 컴퓨터 등)을 갖춘 복지기관

위와 같은 원칙 하에 대학의 사회복지학과에서는 그 동안의 실습교육 경험을 토대로 현장경험의 기회를 충실히 제공한다고 판단되는 사회복지기관을 학생들에게 추천하고 있다. 추천기관에서의 실습은 비교적 안정되고 내용이 충실한 실습이 되어야 한다.

학교에서 일정한 절차를 거친 후 선정된 실습기관은 학생들이 어떤 분야에 관심을 가지고 있는지를 최우선적으로 고려하여야 한다. 예를 들면 사회복지에 대한 전반적 이해를 얻기 위해서

는 종합사회복지관에서 실습을 하는 것이 좋다. 아동, 노인, 장애인 그리고 의료 분야와 같은 특정 분야에 관심이 있는 학생들은 아동복지시설, 노인종합복지관, 장애인종합복지관, 병원 등 특정대상 혹은 분야만을 다루는 기관에서 실습할 수 있다(류종훈, 2005). 이들 기관에서 실습을 지원할 경우 기관에서는 주로 일정기간 귀 기관에서 자원봉사를 경험한 학생들을 우선순위로 실습을 받는 경우가 있으므로 실습을 하고자 하는 기관에서의 자원봉사 경력이나 관련기관의 자원봉사 경력이 필요하다. 각 기관에서의 자원봉사 경력을 필요로 하는 추세는 사회복지 분야의 전문성을 고려하고 각 복지 분야의 특수성을 고려하기 위해서이다. 따라서 실습생이 원하는 분야에서 실습을 하고자 하는 학생은 미리 기관과 상의하여 자원봉사 경력을 쌓아 두어야 한다. 자원봉사활동은 아무 때나 시작할 수 있는 것이 아니라 기관에서 자원봉사자를 모집하는 기간이 있으므로 미리 알아보고 준비해야 한다(류종훈, 2005). 기관에 따라서는 해당 기관에서의 자원봉사 경력을 요구하기도 하고 유사기관에서의 경력을 인정하기도 한다. 그리고 상담기관들은 상담훈련 교육을 이수하고 자격증을 갖출 것을 요구하는 경우도 있다.

학생에 따라서는 기관 선정 시에 기관의 지리적 위치를 고려하는 경우가 있는데, 다행히 기관의 실습지도가 충실히 이루어진다면 별 문제가 없으나 단지 지리적 편의성만 고려하고 실습지도 내용을 생각하지 않은 채 실습기관을 정한다면 내용이 부실해지는 경우가 있다. 일단 실습이 시작되면 중간에서 변경할 수 없기 때문에 사전에 충분히 고려하여 실습기관을 선택하는 것이 현명하다(류종훈, 2005). 가능하면 실습지도교수와 사전에 충분히 의논한 후 기관에 대한 정보 활용도를 높여 학생이 관심을 가지고 있는 분야에서 수준 높은 실습이 가능한 기관을 선택하는 것이 바람직하다.

(3) 실습기관 선정 기준

먼저 실습기관에서 무엇을 배우고 싶은가, 어떠한 실습을 할 것인가 하는 점을 명확히 해두어야 한다. 자칫하면 실습을 일정 기간 동안 기관에만 다니면 된다고 생각하기 쉽다. 실습은 지금까지 배운 지식이나 기능을 실제 현장에서 확인하고 전문가로서의 자질을 보다 향상시켜 가는 체험을 통한 학습의 기회이다(오혜경 · 하지영, 2007). 또한 예비사회복지사로서 자신의 부족한 부분을 발견하여 실습 후에 자기발전의 자료로 삼거나 분야별 적성을 파악하고 전문인으로서의 자세를 갖추는 등 다양한 효과를 가지고 있다. 실습은 일정하고도 시간상 단기간 동안 이루어지기 때문에 질 높은 실습을 받기 위해서는 실습기관에 대한 사전정보가 필수적이다. 실습기관에 대한 정보 확인은 전공과목에서 배운 기관에 관한 지식을 재확인하는 과정으로 선입견이나 편견으로 실습기관을 평가하는 일이 없도록 해야 한다(이팔환 · 김재완, 2001).

각 대학의 실습지도교수와 실습생들은 실습기관을 선정하기 위해 다음 사항을 참고해야 한다(류종훈, 2005).

① 실습신청서(실습 희망기관, 희망기관 선정 배경, 이수과목명 등)

② 실습지도교수의 검토와 실습계획 수립

③ 기관의 실습가능 여부

실습기관의 선정기준을 정리해 볼 때 오혜경 · 하지영(2007)은 학교에서는 실습기관의 선정기준으로 다음과 같은 조건들을 고려해 볼 수 있다(오혜경 · 하지영, 2007)고 정의한다.

첫째, 실습기관은 사회복지 전문직의 윤리와 가치에 부합되는 정책 방향을 가진 사회복지기관이어야 하며, 병원, 학교, 교정기관, 연구기관, 시민사회단체 등과 같은 비사회복지기관에서는 전문적인 사회복지서비스를 제공하는 부서와 실습지도자의 자격을 갖춘 사회복지사가 있어야 한다. 대학에서는 이러한 기준에 부합되는 여부를 평가하기 위해서 기관소개서를 요청할 수 있고, 기관에서는 이를 제시할 수 있어야 한다.

둘째, 실습기관에서는 기관 특성을 반영하는 프로그램을 통해 학부 혹은 대학원 과정별로 적절한 학습경험을 제공할 수 있어야 하며, 이는 지속적이고 체계적인 실습과제의 제시를 통해 이루어져야 한다. 실습기관이 이러한 기준을 충족할 수 있는가를 평가하기 위해 학교에서는 실습교육개요와 계획서의 검토를 통해 학생들에게 부과된 실습과제의 교육적 가치를 평가한다.

셋째, 실습기관에서는 실습생의 업무수행(예컨대, 실습일지, 보고서, 프로그램 계획서 작성 등)에 필요한 사무공간 및 기자재 등을 제공할 수 있어야 하며, 상담 등과 같은 특별한 실습과제의 수행이 필요한 경우에는 이를 위한 공간도 제공할 수 있어야 한다.

넷째, 실습기관의 인력확보 수준은 실습지도자가 실습생의 교육과 지도에 충분한 시간을 할애할 수 있으며, 실습생에게 기관업무를 의존하지 않아도 될 정도가 되어야 한다. 이 외에도 좀 더 자세한 내용과 기준을 가지고 실습기관을 선정할 때 다음과 같은 내용을 점검해야 한다(한인영·박인선·김미옥, 2002).

※ **실습기관 선정 시 점검기준**

① 전문적인 사회복지 교육의 목적과 목표를 지원할 의지가 있는 기관
② 사회복지 가치와 윤리에 일치하는 서비스의 철학을 갖고 있는 기관
③ 사회복지 윤리에 입각하여 서비스를 제공하고 전문적인 실천을 수행하는 기관
④ 실천의 새로운 영역을 개발하고 교육 훈련에 헌신하는 기관
⑤ 실습생에게 할당된 과업을 수행하는 데 필요한 작업 공간, 장비, 자원을 제공하는 기관
⑥ 공공기관이나 비영리기관이든지 다양한 클라이언트를 대상으로 하며, 특히 빈곤하고 억압받고, 취약한 집단에게 관심을 두는 기관
⑦ 자질을 갖춘 실습지도자를 선정하고, 실습지도자의 역할을 지지해 주는 기관
⑧ 기관 내 정기적인 행정적 슈퍼비전뿐 아니라 일주일에 최소한 한 시간 이상의 실습교육이 가능한 기관
⑨ 학교에서 주최하는 실습지도자 회의나 전문적 개발 활동에 참여할 수 있는 기관
⑩ 학생의 거주지로부터 이동하기에 적합한 기관

실습지도자의 선정은 기본적으로 실습기관 내에서 이루어지게 되지만, 대학에서는 일정한 자격요건을 갖춘 사회복지사에 의한 책임 있는 지도감독을 통한 실습지도를 보장하기 위하여 기관에서 보내온 자료를 참고로 실습지도자의 자격요건을 충분히 검토해야 하며, 이를 실습기관 선

정 시 중요한 요소로 고려한다. 실습기관 선정에 있어 학생들의 실습신청서를 접수받고 분야별, 동일 기관별로 분류를 한 후 실습지도교수가 학생들이 실습하기에 적합한 기관인지를 검토하여 선정한다. 교수가 판단하기에 그 기관이 실습기관으로서의 부적합하여 학생들의 관심과 욕구에 충족시킬 수 없거나, 학생 개인의 편의에 따라 선택된 것이라면 학생과 면담을 통하여 이를 조정하여야 한다.

이와 같이 실습기관이 선정되면 각 기관의 실습담당자에게 문서 또는 전화연락을 하여 실습 가능 여부를 조사한다. 만일 기관의 사정상 실습을 할 수 없는 상황이라면 다시 학생과 상담하여 기관을 재선정해야 한다. 최종적으로 실습기관이 결정되면 이를 학생들에게 알려주어야 한다. 실습기관이 결정되면 이를 공식적으로 각 대학에서는 실습 확정에 따른 공문을 발송하고 이에 학생명, 실습지도교수명, 실습기간 등을 포함시킨다. 또한 실습기관에서 실습지도에 대한 준비를 할 수 있도록 학생의 인적사항, 이수과목, 자원봉사 경험, 기타 특기사항을 기록한 자기소개서와 함께 실습평가서를 동봉하거나 이것을 실습이 끝난 후 기관의 슈퍼바이저가 기재하여 대학으로 발송 또는 인편으로 보내도록 한다. 실습기관이 결정된 후 학생들은 개별적으로 실습기관에 연락하여 기관을 방문한다.

이때 실습기관과 기관의 위치, 기관의 담당자, 기관의 실습오리엔테이션 진행방식, 실습과정과 실습과 관련된 문의사항을 자세히 질문 조사토록 한다. 사회복지기관에서는 실습생들이 클라이언트를 돕고자 하는 강한 열의, 실습 분야에 대한 관심과 이 분야에서의 능력 등을 가지기를 원하고, 지적 · 정서적으로 성숙할 수 있도록 준비하여 미래의 사회복지사를 양육해야 한다. 또한 기관은 실습생이 클라이언트에 대한 진정한 관심을 가지고 감정이입을 하여 클라이언트와 공감적 관계를 정립함으로써 수용하고 이해하며 이들의 이야기를 경청해 주기를 바란다. 따라서 기관은 실습생이 서비스 제공에 대해 진정한 관심과 사랑을 나누기를 기대한다. 예를 들어 노인종합복지관에서는 실습생들이 노인문제에 대해 진지한 관심을 갖고 이해하며 이들에 대한 서비스 제공을 위해 최대한 노력하고 충분한 준비를 해 줄 것을 희망한다.

(4) 슈퍼바이저의 자격

실습 슈퍼비전은 사회복지에 대한 전문적 실천 지식과 경험이 풍부한 현장의 실습지도자가 실습생을 훈련하는 방법으로 기관에서 제시한 실습의 내용을 잘 수행하고 실습의 목적을 달성하도록 돕는 과정이라고 할 수 있다(김태순 · 황혜원, 2000). 이 방법들을 수행하는 사회복지사를 우리는 실습 슈퍼바이저라고 하며 이들을 통해 사회복지기관의 슈퍼바이저는 실습생이 복지적 마인드를 가지고 현장실무를 익힐 기회가 되도록 만반의 준비와 계획을 수립한다. Kadushin은 슈퍼바이저의 슈퍼비전은 기능을 범주화하여 행정적 슈퍼비전, 교육적 슈퍼비전, 지지적 슈퍼비전 세 기능으로 분류하여 행해져야 한다고 하였다(Kadushin, A., 1985). 이를 통해 슈퍼바이저는 실습생들이 사회복지에 대한 열의를 가지고 클라이언트를 돕기를 원하고 사회복지이념을 실현토록 지도감독한다.

기관의 슈퍼바이저는 행정적, 이론적 교육뿐 아니라 예비사회복지사로의 자질을 갖출 수 있는 실습생의 지적 · 정서적 성숙을 돕고 기대한다. 이것은 자율적으로 자아발전을 위하여 행동을 하되 능력의 한계를 인식하고 이에 실망하기보다는 한계에 대한 수용과 발전 그리고 실천 가능한 행동을 할 수 있도록 돕는다. 정서적으로 성숙한 실습생은 기관의 슈퍼바이저를 비롯한 사회복지사들과 생산적 관계를 형성하고 최대한 많은 것을 배울 수 있도록 준비하면서 노력해야 할 것이다. 특히 슈퍼바이저의 구체적인 실습계획과 함께 실습생은 자신의 책임과 역할을 분명히 인식하고, 실습기간 동안 향상되어야 할 기술과 문제상황 시 대처 방법들에 대해 숙지하는 것이 필요하다(김정진, 2002). 이에 슈퍼바이저는 실습생이 기대하는 바를 충족하지 못할지라도 다른 동료들과 갈등을 일으키지 않도록 슈퍼바이저가 지도감독하여 만족한 관계를 유지하도록 기회를 제공해야 한다(류종훈, 2005).

실습지도자에 대한 자격을 정리하면 다음과 같다(숭실대학교 사회복지대학원).

〈실습지도자 자격 요건〉

① 사회복지학 학사학위 이상 소지자로서 실무 경력이 3년 이상인 자

② 해당 실습기관에서 1년 이상인 자

③ 실습생과 동등 이상의 학력 소지자

이 외에도 슈퍼바이저의 기본 자격 요건은 일반적으로 학부 실습의 경우 사회복지학과의 학부 졸업 이상이며, 2년 이상의 사회복지 실무 경험을 요구한다. 대학원 실습의 경우에는 사회복지학과의 석사학위 이상이며, 2년 이상의 사회복지 실무 경험을 기본적인 학력 및 경력자의 조건으로 하고, 두 과정 모두 해당기관에 최소 1년 이상 근무한 사회복지사 1급 자격증 소지자를 원칙으로 하고 있다. 슈퍼바이저의 전문인으로서의 자세 조건은 실습지도자의 실습생 지도 시 필요한 자세 조건으로 사회복지교육과 훈련에 관심이 있고, 실습생에게 지지적이며, 실습생의 지도를 위한 충분한 시간을 할애할 수 있는 사람이어야 한다(김정진, 2002). 학생의 실습 경험이 이론적 지식과 통합되도록 지원되어야 하며 학생에게 실습 목적을 달성할 수 있는 방향을 제시하고 실습생 자신이 자기 가치와 존엄성을 확인하고 그들이 객체가 아닌 주체로서 행동하고 실습교육에 적극적인 참여를 통해 책임을 공유하게 하여야 한다(조휘일, 1999).

실습지도자의 위와 같은 자세의 요건의 이유는 슈퍼바이저는 학생들의 사회복지 전문직에 대한 역할모델이 되어 미래의 사회복지사에게 중요한 영향을 주는 대상인 만큼 실습기관에서는 해당기관에서 가장 유능하고 열심히 일하는 사회복지사를 실습지도자로 선정할 수 있도록 한다. 위와 같은 내용으로 슈퍼바이저에 대한 자격을 총체적으로 정리하여 아래와 같이 제시한다(오혜경 · 하지영. 2007).

- 사회복지 전문가로서의 자질과 능력을 갖추고 있으면서 동시에 실습생의 진취적 도전에 기꺼이 응하고 이를 권장하는 훌륭한 교사로서의 자질도 갖추어야 한다.
- 실습기관의 목적, 기능, 정책, 프로그램, 절차 및 기관의 서비스 대상 집단의 특성을 잘 파악하고 있으며, 기관의 행정조직 및 자원을 유용하게 사용할 수 있는 능력이 있어야 한다.
- 실습생의 교육적 욕구충족을 위해 학교의 실습지도교수와 협력적으로 일할 수 있으며, 실습

생과도 개방된 의사소통을 할 수 있어야 한다.

- 실습지도자소개서, 실습교육계획서, 학습계약서, 실습생평가서 등 학교에서 요구하는 각종 서류 양식을 작성, 제시해 줄 수 있어야 한다.
- 실습일지 및 과정기록의 검토와 평가를 포함하는 구체적인 개별 실습지도에 시간과 노력을 할애할 수 있어야 하며, 주 1회 이상 1~2시간 이상의 규칙적인 실습지도 시간(supervision session)을 실습생과 같이 보낼 수 있어야 한다.
- 실습지도자는 실습지도와 관련된 다양한 교육 및 훈련과정을 이수하거나 적극적 참여 외에도 실습생과 실습기관은 실습지도자 선정 시 실습지도자의 경력과 특성을 파악하고 자기개발을 고려해야 실습의 질이 높아질 것이다.

슈퍼바이저는 실습생의 역량강화와 능력함양을 위해 실습의 난이도를 정하여 단계적으로 진행하는 방법도 있는데, 난이도에 따른 실습 기준은 첫째, 일반 실습지도자의 기준, 둘째, 심화 실습지도자의 기준 등이 있다. 내용은 아래와 같다(오혜경 · 하지영, 2007).

① 일반 실습지도자의 기준

- 해당 사회복지기관에서 만 2년 이상 근무한 자로서 실습지도자 교육을 이수한 자(단, 대학원 졸업은 2년 경력으로 인정)
- 외부경력만 만 2년 이상의 직원은 해당기관에서 만 1년 이상 근무한 후 실습지도자 교육을 이수한 자

② 심화 실습지도자의 기준

- 해당 사회복지기관에서 일반 실습지도 경력이 4회 이상인 자로서 현 업무를 1년 이상 담당한 자

(5) 실습기관의 역할

실습은 미래의 사회복지사를 훈련하고 교육하는 것으로 사회복지 분야 발전에 기여하는 것이다. 따라서 이러한 훈련과 교육을 제공하는 곳이 실습기관이다. 실습의 효과는 실습 기간 중의 노력 못지않게 실습기관의 선택에 의해 영향을 받을 수 있다. 실습기관은 학생이 능력을 개발하고 사회복지실천 상황에 대한 응용력을 가질 수 있도록 적극적으로 이끌어 주어야 하기 때문이다(김형모, 2004). 학생들이 실습에 대해 큰 관심과 열의를 가지고 있다 하더라도 실습 경험이 실습생 학습에 도움이 되지 않거나 비효과적 · 비효율적 결과를 가져오게 되거나, 경우에 따라서 실습지를 도중에 바꾸고 실습을 그만두는 사례도 적지 않게 발생하고 있다. 이는 실습준비과정에서의 문제로 실습기관을 선정하는 과정에서의 문제이다. 따라서 실습준비과정 초기부터 학교에서 실습기관 선택에 대한 기본적인 안내지침을 제시해 주는 것이 필요하며, 실습학생과 실습지도교수가 함께 실습기관 선택과정에 참여하는 것이 필요하다(오혜경 · 하지영, 2007).

실습기관은 사회복지서비스의 제공기관이면서 동시에 대학에서 사회복지교육의 일부를 위임받아 교육하는 기관으로서 기능할 수 있어야 하고, 건전하고 건강한 미래 사회복지사를 배양함을 물론 클라이언트에게 서비스를 제공하는 기회를 넓히고 서비스 영역을 확장하는 기회를 제공하는 것을 배우게 해야 한다. 동시에 실습기관은 사회복지실천의 질적 향상과 사회복지 분야를 발전시키는 매개체 역할을 해야 한다(류종훈, 2001).

다음은 실습기관에서 갖추어야 하는 요건과 함께 실습생을 위해 준비해야 하는 교육내용 등이다(정길홍 외, 1988 ; 김주리, 1992).

첫째, 사회사업 실습기관은 실습생의 지도방침을 결정해야 한다. 실습생을 받는 데 있어서 기관이나 시설로서는 직원 전원이 이에 협조하고 통일된 기본적 자세를 결정해 두는 것이 중요하다. 클라이언트의 인격과 인권을 존중한다는 기본적 자세를 견지하면서도 장래의 사회사업 전문인을 교육한다는 중요성을 인식하여 최대한 협력해야 한다.

둘째, 실습생을 직접 지도해야 하는 실습지도자와 지도책임자를 결정하는 것이다. 실습담당

지도자가 정해져 있지 않은 경우에는 책임 있는 지도가 이루어지기 어렵고, 실습지도자의 지도나 슈퍼비전이 실습의 성패를 결정하는 경우가 많으므로 신중하게 이루어져야 한다는 것이다.

셋째, 실습 프로그램을 정해야 한다. 실습생을 위한 실습 프로그램의 정비는 실습의 시작에서 종료에 이르기까지 체계적인 프로그램을 준비하는 것으로 이것은 실습의 만족과 성과를 높여줄 것이다. 또한 프로그램의 전개는 실습지도 담당자뿐 아니라 많은 타 직원의 협력을 얻는 것도 중요한 부분이다.

넷째, 실습에 필요한 부품, 즉 책상, 사물함, 사무용품 등을 실습생이 이용할 수 있도록 준비하여 실습생이 기관의 관심과 배려를 알고 의욕적으로 실습에 임할 수 있도록 도와야 한다. 실습에 대한 불안을 가지고 실습에 임하게 되는 학생에게 아무런 준비를 하지 않고 앉을 자리조차 배려해 주지 않는다면 실습생의 실습에 대한 의욕과 기대를 좌절시킬 수 있기 때문이다.

(6) 실습기관 검색 및 선정 절차

실습생이 실습기관을 선정하는 데는 일정한 절차를 통해 이행하면 수월하게 기관선정을 할 수 있으며, 특히 실습지도교수와 의논하여 기관 선정 절차를 이용하면 실습생이 원하는 분야에 대해 실습할 수 있는 기회를 가질 수 있어 효과적 · 효율적 실습을 이행할 수 있다. 능률적인 실습을 위하여 실습기관 선정 시 고려해야 할 몇 가지 사항이 있다. 첫째, 관심 있는 분야의 기관을 선정하는 것이 중요하다. 둘째, 사회복지기관의 실습 프로그램이 얼마나 활성화되어져 있는가를 살펴보는 것이 중요하다(김형모, 2004).

위와 같은 실습을 하기 위한 실습기관 검색과 실습기관 선정 절차를 정리하면 [그림 1-1]과 같다.

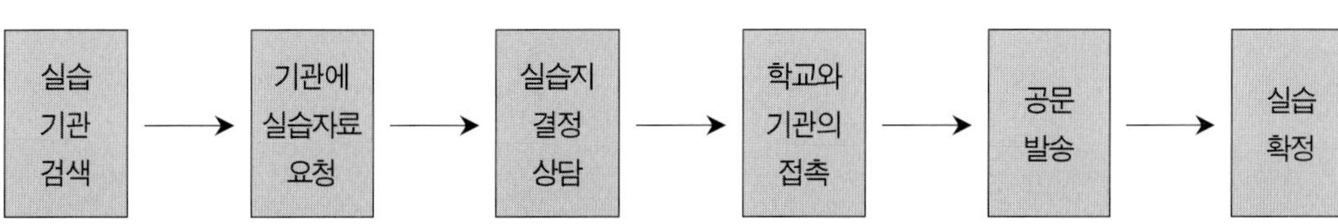

[그림 1-1] 실습기관 검색 및 실습기관 선정 절차

① **실습기관 검색**

• 평소 자원봉사를 하고 있는 기관이나 직장 체험을 하고 있는 기관을 활용한다. 이러한 경우 기관에 대해 사전 정보를 얻기 용이하고 직원과 이미 라포르 형성이 되어 있기 때문에 좋은 실습지가 될 수 있다.

• 실습실을 활용한다. 실습실을 통해 다양한 정보를 얻을 수 있다. 실습실에는 실습교육 프로그램을 제공하는 기관에서 온 공문들과 〈실습기관 목록〉을 비치하고 있으며, 이미 실습을 마친 학생들의 실습보고서나 자료집들도 준비되어 있기 때문이다.

• 인터넷을 활용한다. 한국사회복지사협회(www.welfare.net)나 사회복지관련 사이트를 활용하면 다양한 실습지에 대한 정보를 얻을 수 있으며, 각 학교에서 운영하는 실습관련 사이트를 활용할 수 있고, 관심 있는 기관의 홈페이지를 방문하여 기관에 대한 정보를 얻을 수 있다.

② **실습기관에 실습자료 요청**

• 실습기관에 대한 기초적인 정보를 얻기 위하여, 우선 해당 학기의 실습교육 실시 여부를 확인하고, 기관소개서, 실습계획서 등을 요청한다.

③ **실습지 결정 상담**

• 기관에서 보내온 서류에서 나타난 정보를 바탕으로 실습기관 선정기준을 참고하여, 효과적이고 전문적인 실습교육을 제공하고, 학생의 실습목표와 일치하는 다양하고 광범위한 프로그램을 제공할 수 있는가를 검토하여 실습기관으로 정한다. 이때 실습지도교수와 상의하는 것이 능률적이다.

• 실습생 선정을 위한 면접이 있는 기관에는 면접 일시와 장소를 확인한 후 면접을 신청한다.

④ **학교와 기관 간의 접촉**

• 실습지 선정이 끝나면 실습조교를 통해 해당기관에 공식적으로 실습을 요청한다.

- 실습신청 시 학생은 실습신청서(이름, 소속, 학번, 연락처(휴대전화, 이메일), 실습기관명, 주소, 전화번호, FAX번호, 실습지도자 이름)를 실습실에 제출한다.

⑤ **실습요청 공문 발송**

- 실습조교는 학생이 제출한 자료를 바탕으로, 실습기관에 실습요청 공문을 FAX나 우편으로 발송한다.
- 실습요청 공문 발송 후 1~2일 내에 실습지에 전화하여 공문 수신 여부를 확인한다.
- 추후에 기관이나 학교에서 요구하는 서류나 과제가 있다면 제출하도록 한다.

(7) 학교의 역할

학교에서는 실습지도교수를 선정하며 실습세미나 수업을 통해 타 학생들이 배치된 기관의 기능 및 구조를 이해하고 학교에서 교육자로서 적절한 슈퍼비전을 주며, 타 학생의 실습 경험을 학생들이 서로 교환하여 간접 경험을 통한 학습의 기회를 제공해야 한다(김태순 · 황혜원, 2009). 학교는 기관방문 및 기관 슈퍼바이저와 규칙적인 만남을 통해 실습생의 경험을 이해하고 평가하며 학생과 기관 간의 의견차이나 갈등이 있을 때 중재역할을 수행한다.

Poitras(1985)에 따르면 "실습에 대한 학교의 목적은 교육이론과 실천과의 교량역할을 하는 것, 교육과 학습에 대한 보조역할을 하는 것, 사회복지교육의 효율에 대한 기초자료를 제공, 실습기관에서 다른 학생과 경험을 나누며 사회복지의 폭넓은 영역을 접하도록 학생들에게 기회를 제공하는 것이다."라고 하였다.

학교에서 실습생과 실습기관을 위해 행해야 하는 일은 다음과 같다(김희성 · 나용선, 2008).

첫째, 실습교육의 목적과 목표가 성취될 수 있도록 실습교육 전반에 대한 책임을 맡는다.

둘째, 실습기관과 실습지도자를 선정하여 학생들에게 충분한 정보를 제공하고 실습생의 교육욕구 및 학습목표와 부합되며, 동시에 실습기관의 업무에도 기여할 수 있도록 기관과 실습생을 연결해 주는 것이 실습준비의 가장 중요한 학교의 역할이다.

셋째, 학교에서는 실습지도자의 자질 향상을 위한 교육과 훈련 프로그램을 제공하여 실습지도자들이 사회복지이론과 기술 및 실습지도기술을 습득하기 위한 계속적인 훈련의 기회를 가질 수 있도록 하며, 실습지도자의 간담회 등을 마련하여 학교의 실습지도교육 방침에 대한 정보를 제공하고 실습지도자로부터의 피드백을 받는다.

넷째, 학교에서는 실습의 종료 후 실습기관에 대한 평가를 거쳐 다음 실습기관 선정 및 배치 계획을 하게 된다. 이때 기관에서 제공한 실습교육의 효과성을 평가하여 해당 학교 학생을 실습기관 선정에 주요 자료로 활용하는 데 그치지 말고, 기관의 실습교육 향상을 위해 지원해 줄 수 있는 부분을 발견할 수 있도록 한다.

학교에서 실습기관에게 행해지는 행정적인 절차도 중요하며 그 내용을 살펴보기로 한다.

첫째, 기관에서 학교로 보내는 자료이다.

기관은 학교에 실습생 배치를 의뢰하는 공문을 보낸다. 이 공문에는 기관에 대한 소개, 실습영역, 실습생 수, 자격요건, 실습일정, 슈퍼비전 계획이 포함될 수 있다.

둘째, 학교에서 기관으로 보내는 자료이다.

실습배정 초기에 학교에서는 기관에 실습 의뢰공문과 학생의 실습신청서를 보낸다. 이것이 기관에서 받아들여지면 실습생의 소속 학교는 다음과 같은 학생에 대한 자세한 정보가 수록된 학생 개인신상서를 실습기관에 제공한다.

- 성명, 연령, 실습학기, 주요 전공 영역 등 기초 정보
- 이수과목
- 학부 주요 전공과 이수학점(대학원생의 경우)
- 직장 경험 및 자원봉사 경험
- 이전의 실습 경험

- 학생의 강점과 약점
- 학생의 생활 경험의 일반적 성격
- 실습에 대한 학생의 선호도

사회복지 전공 학생들에게, 전문적인 교육 경험의 핵심은 실습이라 할 수 있다. 학생들이 전문적 교육의 내용을 클라이언트에게 전달하는 '실제 세계'를 경험하는 것이 실습의 핵심이기 때문에 실습기관 선정은 매우 중요하다. 학교는 학교의 교육목적에 적합하고, 학생에게 좋은 학습 기회를 제공할 수 있는 기관을 선정해야 한다(한인영 · 박인선 · 김미옥, 2002).

3. 실습기관별 실습학생 확정 및 통보

대학 실습지도교수는 학생별(분담 학생별) 또는 기관별로 학기당 실습학생 수를 확정하여 학생에게 알리고 실습기관에 학생 명단을 알려줌으로써 실습 수강에 관련된 준비를 완료한다(한인영 · 박인선 · 김미옥, 2002). 대학의 실습지도교수는 학생이 제출한 실습기관 신청서의 우선순위에 따라 실습기관을 결정하고, 확정된 실습기관을 학생에게 통보하며, 실습신청기관과 접촉하여 기관의 요청사항(예를 들면 실습비 납부, 인원수 제한 등)을 고려하여 기관별 실습학생 수를 알리고 실습과정에 필요한 협조를 구한다(배재대학교 복지신학과 사회복지현장실습지침서).

4. 학생별 실습 목표 수립

1) 실습의 목표

일반적으로 실습교육의 목적은 사회사업의 전문직으로 갖추어야 할 지식, 기술, 그리고 가치관을 전문가인 자신의 실천 속으로 통합하고, 나아가 이 세 가지 국면들을 전문직 자아의 전체적인 개념과 사회복지 전문가로서 가장 바람직하다고 생각되는 사회복지실천의 스타일과 통합하려는 것이 되어야 한다(김효선, 2004). 따라서 실습교육의 최종 목적은 자신을 전문적 사회복지사로서 성장(김선희 · 조휘일, 2000)시키는 데 핵심이 있는 것이다.

사회복지 전문직으로서 갖추어야 할 지식, 기술, 가치관은 사회복지 전문성의 공통기반이며, 실습교육을 통한 실천과정 속에서 전문가로서 세 요소를 통합하는 것이 실습의 주된 목표이다(Matson, 1967; Schubert, 1965; Simon, 1996). 이는 세 가지 요소를 전문직 자아의 전체적인 개념과 전문 사회복지사로서 가장 바람직하다고 생각되는 사회복지실천의 스타일과 통합하는 것을 의미하는 것이다(오혜경 · 하지영, 2007).

실습생은 자신이 원하는 활동, 관심 있는 클라이언트 대상과 경험하고 싶은 클라이언트 문제를 포함한 실습을 통한 학습 경험에 대해 갖고 있는 기대를 명확하게 정리하여 실습과정을 모니터링할 수 있는 것이 좋다. 학습계획서는 지식, 기술, 가치 부분을 나누어 목표와 전략을 구체적으로 기술하는 것이 좋다〈표 1-3〉(김희성 · 나용선, 2008).

〈표 1-3〉 학습계획서의 예

구 분	목 표	전 략
지식	체포에서 처분결정까지의 과정이 어떻게 되는지 아는 것	• 법정관찰 • 법정진행 매뉴얼 읽기 • 사회복지사와 토론
가치	나 혼자 힘으로 주별 집단모임을 진행	• 방과 후 여학생 집단 2번 관찰 • 촉진집단에 보조진행자로 4번 참여 • 슈퍼바이저에게 개인지도
기술	히스패닉 문화에 대한 편견을 없애는 것	• 히스패닉 클라이언트에 대한 서비스 계획 세우기 • 히스패닉 클라이언트와 관계 맺기

출처 : Millersvill University, 2006, Field Instruction Manual.

(1) 지식의 목표

실습의 지식 습득 목표는 교실에서 배운 내용에 대한 이론적 학습에 그치지 않고, 이를 현장에 적용할 수 있는 지식으로 만들고자 함이다. 실습교육에서는 다음과 같은 지식의 습득이 요구된다(한인영 · 박인선 · 김미옥, 2002).

가. 인간과 사회환경 사이에 발생하는 공식 및 비공식 체계의 상호 관련성을 이해하고, 이러한 체계들에 직접적인 서비스를 효과적으로 제공하는 방법 이해

나. 클라이언트에 대한 생태학적 체계의 영향, 기존 서비스 전달 체계의 기능과 역기능, 효과적인 원조를 위한 클라이언트 체계와 서비스 전달 체계의 변화 및 개선방향 이해

다. 체계 관점에서 본 사회복지사의 역할과 지역사회 체계 내의 사회복지기관과의 관계 이해

라. 다양한 사회복지실천 분야에 대한 사회복지정책과 행정과의 관계 및 역동성 이해

마. 지역사회 내 사회복지관련 정부기관 및 사회복지기관들의 관계 이해

바. 문제해결과정과 특정 전문 실천 분야에서 사용되는 개입방법의 결과를 과학적으로 평가하는 방법 이해

사. 클라이언트 체계의 생물 · 심리 · 사회적 특성 및 문화적 차이와 같은 변수들의 상호관련성 이해

아. 사회적 역할 내에서 대인관계 상의 기능 이해
자. 빈곤, 차별, 연령, 생활 방식, 장애 및 성, 성적 지향이 클라이언트 체계에 미치는 영향 이해
카. 원조과정의 기본 원칙 이해
타. 전문 사회복지사로서의 철학, 가치, 목적, 윤리와 자기 자신의 개인적 가치와의 관계 이해
파. 학교에서 배운 이론과 실천기술의 통합을 증진시키는 데 필요한 인접 학문에 대한 이해와 그 학문과의 상호관련성 이해

(2) 기술의 목표

사회복지실천기술은 몇 가지 차원에서 검토될 수 있다. 특히 클라이언트의 문제해결과 관련된 기술과 자신을 활용하는 기술, 다른 분야의 전문가들과 연계하고 협조 체제를 구축하는 기술 등으로 구분할 수 있다.

다음은 실습교육을 통해 습득될 수 있는 사회복지실천기술이다(나사렛대학교 사회복지현장실습지침서, 2008).

가. 인간행동과 사회환경을 이해하고, 클라이언트를 둘러싼 공식적 · 비공식적 체계의 상호관련성 및 직접적이고 효과적인 개입방법을 이해한다.
나. 체계적인 관점에서 본 사회복지사의 역할과 지역사회 체계 내의 사회복지기관과의 관계를 이해한다.
다. 다양한 사회복지실천 분야에 대한 사회복지정책과 행정과의 관계 및 역동성을 이해한다.
라. 클라이언트에 대한 생태체계의 영향, 기존 전달체계의 기능과 역기능을 이해한다.
마. 클라이언트 체계의 생물 · 심리 · 사회적 특성과 문화적 차이와 같은 변수들의 상호관련성을 이해한다.
바. 사회적 역할 내에서 대인관계의 기능을 이해한다.
사. 빈곤, 차별, 연령, 생활방식, 장애 및 성이 클라이언트 체계에 미치는 영향을 이해한다.

아. 문제해결과정의 기본 원칙을 이해한다.

자. 문제해결과정과 특정한 전문실천 분야에서 사용되는 개입방법의 결과를 과학적으로 평가하는 방법을 이해한다.

카. 학교에서 배운 이론과 실천기술의 통합을 증진시키기 위해 요구되는 인접 학문에 대한 이해와 그 학문과의 상호관련성을 이해한다.

(3) 태도와 가치의 개발

사회복지 및 사회사업 가치들과 관련된 것으로 학생들이 도와주는 사람, 전문직 동료, 그리고 사회제도와 상호작용하는 과정을 통해 자신의 가치관과 감정을 인식하고 분석할 수 있는 경험을 한다(한국사회복지교육협의회 '2006년도 사회복지학 교과목 지침서'). 이 과정에서 실습교육 경험의 중요한 부분은 학생이 현실적 여건에 의해 제기되는 딜레마를 통해서 분별력을 키우며, 이런 상황에서 적절한 태도를 취하도록 노력하는 것이다(한인영 · 박인선 · 김미옥, 2002).

이러한 실습생의 태도와 가치개발을 위한 내용에는 다음과 같은 것이 있다.

가. 실습생의 능력에 적합하고 클라이언트의 문제해결에 필요한 모든 방법을 동원하여 클라이언트의 최선의 이익을 위해 원조하는 태도를 개발한다.

나. 직접적인 서비스 제공에 필요한 지식을 습득하려는 책임성 있는 태도를 개발한다.

다. 보다 큰 사회체계 수준에서 발생하는 쟁점과 문제점들을 사정하는 태도를 개발한다.

라. 사회복지실천에서 사용되는 과학적 방법의 인식과 이를 평가하는 평가조사의 중요성을 인식하는 태도를 개발한다.

마. 실습생과는 다른 삶의 방식, 배경 및 가치를 가진 클라이언트를 원조함에 있어서 실습생 자신의 감정과 태도를 인식하고 전문직으로서의 책임을 보이는 태도를 개발한다.

바. 타 학교 실습생, 동료, 지도감독자의 제안에 대해 경청하고, 반응하고, 수행하는 태도를 개발한다.

사. 지속적인 학습과정을 통하여 전문가로 성장에 전념하는 태도를 개발한다.

2) 주체에 따른 목표

실습의 주체는 학생, 대학 및 실습지도교수, 사회복지기관이며 이들 각 주체는 클라이언트의 욕구를 파악하고 건강하고 합리적인 복지서비스를 수행하는 미래의 전문 사회복지사를 양성한다는 목표로 각 주체의 입장에 따라 아래와 같은 목적을 가지고 있다.

① 학생(나사렛대학교 사회복지현장실습지침서, 2008)

가. 원조과정과 개입기술을 실제적인 상황에 적용하는 방법에 대하여 배운다.

나. 사회복지실천 현장에서 실천적 기술을 습득한다.

다. 도움을 필요로 하는 클라이언트의 문제와 이러한 문제를 해결하기 위해 서비스를 제공해 주는 기관의 기능 및 구조를 이해한다.

라. 사회복지사의 역할 및 활동을 이해함으로써 적성을 파악하고, 전문사회복지사로서의 정체감을 갖는다.

② 학교 및 실습지도 교수(한인영 · 박인선 · 김미옥, 2002)

가. 교육적 이론과 실천을 연계하여 교육목표를 실현한다.

나. 학생들은 실천경험을 토대로 보다 현실적인 교육을 경험하고, 교수들은 실습을 계기로 복지이론과 실무 현장의 연계성을 찾을 수 있다.

다. 사회복지교육의 효과성을 평가하는 기초자료로 삼는다.

라. 학생들은 서로 다른 실무 현장에서 익힌 실무 경험을 나눔으로써 사회복지실천에 대한 폭넓은 이해를 할 수 있게 된다.

③ 사회복지기관(김선화, 2001)

가. 다양한 학생들을 균형 있게 다룰 수 있는 능력을 가지고 있어야 한다.

나. 미래의 사회복지사를 훈련시킨다.

다. 클라이언트에게 서비스를 제공하는 기회를 넓히고 서비스 영역을 확장하는 데 기회를 제공한다.

라. 사회복지실천의 질적 향상과 사회복지 분야를 발전시키는 매개체 역할을 할 수 있게 된다.

마. 진취적인 실습기준에 부합하도록 계속 노력하여야 한다.

3) 목적에 따른 목표

사회복지실습의 목적은 강의나 책을 통해서 배운 이론과 기술을 실제로 활용하여 클라이언트에 대한 종합적인 복지서비스 제공을 실천할 수 있는 기초능력을 습득하는 것이라고 할 수 있다. 이를 보다 구체적으로 사회복지실습의 일반적 · 추상적 목표와 구체적 학습목표로 나누어 보면 다음과 같다(이팔환 · 김재환, 2001).

① 일반적 · 추상적 목표

가. 사회복지 각 분야에 대한 이해를 증진시킨다.

나. 사회복지제도, 정책, 실천기술 등 학교에서 배운 지식과 기술의 실천적 통합을 익힌다.

다. 사회복지윤리강령을 습득한다.

라. 복지전문가로서의 자질을 향상시킨다.

마. 정립되어 있는 사회복지이론을 실천을 통하여 검증하고 더욱 발전시킨다.

② **구체적 학습목표**

가. 실습시설 및 기관의 조직 · 기능 · 운영방침을 이해한다.

나. 실습시설 및 기관에서 일하는 직종 및 직무를 이해하고 인간관계 기술을 배운다.

다. 실습시설 및 기관의 서비스 이용자의 일상 생활이나 복지욕구를 이해한다.

라. 클라이언트와 가족, 친척, 이웃 등의 연계나 지원 체계를 이해한다.

마. 원조능력 및 원조관계를 육성하는 능력을 익힌다.

바. 자기자각을 통하여 전문적 자아상을 만든다.

사. 관련 전문직에 대한 이해와 연계방법을 배운다.

아. 실습시설 및 기관의 지역사회에서의 위치와 역할을 이해한다.

5. 실습 전반에 대한 사전교육

실습에 대한 모든 준비가 완료되었으면 마지막으로 실습교육의 목표와 의의, 실습현장에서의 학습자제, 실습기관에서의 실습일지 및 케이스 레코딩 방법 그리고 기타 기관별 준비사항에 대한 사전교육을 하여, 실습생들이 미리 준비된 상태에서 실습에 임하도록 한다(2006년도 사회복지학 교과목 지침서). 이러한 준비를 위해 오리엔테이션 각 기관 및 학교에서 해당 전공(사회복지전공, 노인복지전공, 장애인복지전공 등)의 실습지도교수, 이미 실습을 끝마친 선배 그리고 실습조교의 협조 아래 실시되어야 한다(류종훈, 2005).

학생들에게 실습 오리엔테이션은 실습의 목적과 의미를 되새기며 개인별로 실습목표를 수립하고 기관을 탐색하는 차원에서 실습의 시발점이 되는 만큼 중요한 요소이다. 오리엔테이션을 통해 실습에 임하는 자세와 태도뿐 아니라 자신의 적성에 맞는 기관 탐색, 실습의 목적과 목표를 명확하게 수립하도록 하고, 실습에서 필요한 제반 정보나 지식, 기술, 양식 등을 훈련 · 준비할 수 있도록 해야 한다(강홍구, 2009).

오리엔테이션에는 다음과 같은 내용이 포함되어야 한다(류종훈, 2004).

① 실습지도교수와 실습
조교는 실습에 대한 개요, 실습의 목적, 실습생의 태도 등 실습에 대한 기본사항을 설명한다.

② 이미 실습을 마친 선배들이 실습기간을 유형별로 선별하여 실습 경험담을 소개하고 각 실습기관의 실습내용에 대해 안내한다. 이는 어떤 기관에서 어떤 실습을 할 수 있는지를 설명해 줌으로써 학생들이 자신의 관심과 욕구에 해당되는 실습기관을 선택하는 데 도움을 주기 위한 것이다.

③ 실습신청서(실습희망기관명, 실습기관 선택 배경, 사회복지 관련 이수과목명 등)를 작성하여 제출한다. 실습희망기관은 경우에 따라서 1차, 2차, 3차 희망기관까지 작성할 수 있는데, 이는 실습희망기관에서 실습생을 받을 수 없는 경우에 대비한 것이다.

④ 실습지도교수는 실습신청서를 검토한 후 필요에 따라 개별적으로 면담한다.

⑤ 자기소개서를 작성하여 제출한다. 이는 기관이 배정되면 실습 의뢰공문과 함께 실습기관에 발송된다.

1) 학교의 실습 오리엔테이션

학교에서는 실습지도교수가 실습학생들에게 실습내용, 실습보고서 쓰는 법, 실습에 임하는 자세 등에 관해 자세히 설명한다. 실습기관에 대해서는 각자 기관에 대해서 방문할 것과 선배들의 실습보고서 등을 참고할 것을 권한다(성민선, 1995).

학교에서는 기관에서의 실습이 시작되기 1주일 정도 전에 실습 오리엔테이션을 실시하여 실습과정 전반에 필요한 기본적인 정보와 실습과 관련된 주의사항을 알려주고 실습에 대한 학생들의 불안을 다루어주기 위해 다음의 내용을 사전교육한다(오혜경 · 하지영, 2007).

① 실습 및 실습세미나 일정

실습의 시작과 종결시기, 실습세미나의 일정을 검토한다. 공휴일이 실습일일 경우 기관의 지시에 따른다는 점과 시험기간 중의 일정에 대한 정보도 미리 알려준다.

② 실습과제

실습단계별로 예상되는 주요 과제에 대한 설명과 과제물 제출양식을 소개한다. 실습과제물로는 학습계약서, 기관 분석 보고서, 실습일지, 과정기록서, 프로그램계획서(결과보고서), 중간평가서, 종결평가서 등이 있다.

③ 실습평가

실습이 종결된 후 실습기관에서 슈퍼바이저가 학교에 보내는 평가서와 학교에서의 최종 평가에 대한 설명을 한다. 실습기관과 학교의 평가기준에 대한 자세한 설명을 제시한다.

④ 실습생의 자세와 기타 사항에 대한 주의사항

학생들이 실습에 적극적인 역할을 수행할 것과 이를 위한 준비를 충분히 하도록 요구하는 등 적극적인 역할 수행을 강조한다. 또한 실습기관에서의 복장, 행동, 지각과 결석 등 준직원으로서의 기본자세에 대해서도 강조한다. 실습기간 중에 발생하는 문제에 대한 대처방법을 미리 알려준다. 예를 들어, 실습기간 중에 아무런 사고 없이 기대했던 학습목표를 달성하고, 예비 사회복지사로서의 경험을 할 수 있게 되지만, 실습지도자와의 마찰이나 대인관계 혹은 뜻밖의 사고 등으로 곤란한 상황에 처하게 될 수도 있다. 이러한 문제가 발생했을 때에는 대화통로로써 실습세미나(실습지도교수)를 적절히 활용할 수 있음을 알려준다.

2) 기관의 실습 오리엔테이션

실습기관에 실습생이 한 명뿐이라도 기관은 실습생의 원활한 실습과 학습의 효율성을 위해 오리엔테이션을 실시하여야 한다. 물론 실습생의 인원수에 따라 다소 차이가 있을 수 있겠으나 기본적 오리엔테이션은 반드시 필요하며 공식적 · 비공식적 내용 모두 포함된다.

기관에 대한 오리엔테이션의 내용에는 첫째, 실습기관의 사명과 역사정책 등 기관 전반에 대한 정보를 제공한다. 둘째, 실습기관 내 부서별 주요 사업과 프로그램, 제공되는 서비스에 대한 정보를 제공한다. 셋째, 지역사회 내 다른 유관 및 기관에서 이용 가능한 자원에 대한 정보를 제공한다. 넷째, 실습생의 책임과 의무를 강조하며, 사무규칙에 대한 정보와 예절을 알린다(김희성 · 나용선, 2008).

① 공식적인 오리엔테이션

실습생을 위해서 체계적이고 준비된 공식적인 오리엔테이션을 제공하는 기관에서는 실습지도자뿐만 아니라 기관의 다른 직원들도 함께 이를 미리 준비하여 실습생들에게 기관의 다양한 면을 소개한다. 예를 들면 아래와 같다(오혜경 · 하지영, 2007).

- 기관 전반에 대한 정보를 제공한다.
- 기관 내 부서별 주요 사업과 프로그램을 소개하여 기관에서 제공하고 있는 서비스에 대한 정보를 알 수 있도록 한다.
- 기관이 위치하고 있는 지역사회의 특성과 클라이언트의 구성에 대한 정보, 지역사회 내 기관의 역할에 대한 정보를 제공한다.
- 지역사회 내 다른 유관기관 및 기관에서 이용할 수 있는 지역사회 내 자원에 대한 정보를 제공한다.
- 기관과 클라이언트에 대한 실습생의 책임과 의무를 강조하며, 특히 행동지침, 복장, 시간엄수 등 기본적인 사무규칙에 대한 구체적인 주의사항을 알려준다.

- 실습기간 중 실습생의 신분에 대한 규칙을 정한다.
- 직원회의나 팀 모임에 실습생들이 참석해야 하는지에 대해서도 알려주어야 한다.
- 이 외에도 기관에 따라 기관장, 부장, 과장 등 기관의 간부나 경험이 많은 사회복지사가 사회복지실무와 관련한 중요 사안에 대한 세미나를 제공하는 등 다양한 프로그램을 준비하고 이에 대한 실습생들의 피드백을 받기도 한다.
- 병원 등 의료기관에서는 실습생들에게 전문용어나 그 기관에서의 특수한 절차 등을 익히는 시간을 마련한다.
- 이상의 공식적인 오리엔테이션 과정을 통해 공식적으로 실습생을 기관구성원의 일원이 될 것에 대한 환영의 뜻을 전함과 동시에 실습생들은 자신의 존재와 실습기간에 대해 기관 구성원들에게 알리는 계기가 되기도 한다.

3) 비공식적인 오리엔테이션

공식적인 오리엔테이션 후에는 실습지도자가 실습생과 개별적인 시간을 가질 수 있도록 실습생들이 오리엔테이션 과정에서 궁금한 점 등을 알아볼 수 있도록 한다. 또한 실습지도자와의 개별적인 시간에는 실습생과 함께 학습계약서를 작성하여 서명하는 등 구체적인 실습지도계획을 논의한다.

기관은 여러 가지 오리엔테이션 방법을 사용할 수 있다. 기관 내 보고서 및 다른 기관의 문서 읽기, 면접하기, 기관과 다른 기관의 시설 견학하기 등이 있다. 발전적인 방법은 행동을 먼저 계획한 후 역할과 관련된 임무를 소개하는 것으로, 예를 들면 다른 기관을 방문하도록 예정된 학생에게 자신이 배치된 기관에 필요한 정보를 알아보도록 한다거나, 또는 클라이언트 집단과 일할 준비를 하는 학생에게 예비 구성원들과 초기 면접을 하도록 한다. 그리고 학습계약서는 오리엔테이션 기간에 작성해야 한다(김선희 · 조휘일, 2000).

이 단계에서 학생과 실습지도자는 학습계약을 맺는다. 또한 오리엔테이션을 통해 실습시간,

출 · 결석, 건물의 공간 배치, 업무량, 슈퍼비전 일정 등에 대한 기대를 명료화하는 것이 중요하다. 또한 오리엔테이션이 끝날 때까지는 학생이 어떤 클라이언트나 프로젝트에 대해 책임지지 않는 것이 바람직하며, 사례회의나 사례에 관련된 자료를 통해 전문적 서비스가 전달되는 것을 관찰하는 기회를 가져야 한다. 기관에서 실습생은 자신을 학생이나 인턴으로 소개하고 자신의 역할을 클라이언트와 직원에게 분명히 해야 한다(한인영 · 박인선 · 김미옥, 2002).

[참고문헌]

강상준(2006). "기관의 실습지원체계가 실습지도자의 슈퍼비전 만족도에 미치는 영향". 가톨릭대학교 사회복지대학원 석사학위논문.

강홍구(2009). "사회복지실습 목표달성도에 영향을 미치는 요인에 관한 연구". **한국사회복지교육**, Vol. 9.

김선희 · 조휘일(2000). **사회복지실습**. 양서원.

김선화(2001). "사회복지실습 슈퍼비전 개선방안에 관한 연구". 서울여자대학교 대학원 석사학위논문.

김정진(2004). **사회복지 실습론**. 서현사.

김주리(1992). "사회사업실습에 대한 학생의 만족도 연구". 연세대학교 대학원 석사학위논문.

김태순 · 황혜원(2009). 사회복지현장실습이 사회복지전공학생들의 진로발달 및 전문직업 의식에 미치는 영향, **한국사회복지교육**, Vol. 9.

김형모(2004). **사회복지 실습매뉴얼**. 청목출판사.

김효선(2004). "현장실습경험이 사회복지 전문 직업의식에 미치는 영향에 관한 연구". 강남대학교 사회복지전문대학원 석사학위논문.

김희성 · 나용선(2008). **사회복지현장실습 매뉴얼**. 양서원.

류종훈(2005). **사회복지 현장실습 이론과 실제**. 청록출판사.

성민선(1995). "우리나라사회복지실습교육현황". **가톨릭대학교 성심교정논문집**, Vol. 1.

오혜경 · 하지영(2007). **사회복지현장실습 매뉴얼**. 양서원.

이팔환 · 김재완(2001). **사회복지실습**. 학문사.

정길홍 외(1988). **사회복지실습교육론**. 박인출판사.

조휘일(1999). "사회사업실습교육에 있어서 학습계약개념 적용에 관한 연구". **정진영 교수 정년퇴임 기념 총론**.

한인영 · 박인선 · 김미옥(2002). **사회복지실습**. 이화여자대학교출판부.

홍순혜 외(1997). **사회사업기록**. 학문사.

경북대학교 사회복지학과 실습보고서 발췌(2008).

경원대학교 사회정책대학원 사회복지현장실습지침서 발췌자료(2008).

국제디지털대학교 입학홍보처.

나사렛대학교 사회복지현장실습지침서(2008).

배재대학교 복지신학과 사회복지현장실습지침서 발췌자료(2008).

숭실대학교 사회복지대학원 발췌자료(2008).

성결대학교 사회복지 대학원 실습사례 발췌(2006).

전북대학교 사회복지학과 사회복지현장실습지침서 발췌자료(2008).

충남대학교 평생교육원 발췌자료(2008).

태화기독교사회복지관 실습지도세칙(2008).

한국사회복지교육협의회(2006). 2006년도 사회복지학 교과목 지침서.

한국사회복지사협회 자료발췌. 사회복지사 자격제도 개선 토론회(김범수 · 허준수 · 이기영 · 최명민, 2006. 재인용).

호남대학교 사회복지학과 실습보고서 책자 원고양식 발췌(2008).

한림대학교 사회복지대학원 사회복지현장실습지침서 발췌자료(2008).

Millersvill University(2006). Field Instruction Manual.

CHAPTER 02

실습현장지도

1. 실습과제

1) 실습과제의 목적 및 선정기준

(1) 실습과제의 목적

실습과제는 실습생이 실천현장의 업무와 관련된 것들을 직접 경험함으로써 실습교육의 효과를 극대화 하는 데에 그 목적이 있다. 실습과제를 통하여 실습생은 사회복지이론들이 실천현장에서 어떻게 활용되는지를 확인할 수 있으며, 과제수행을 통해 사회복지현장업무를 직접 경험해 볼 수 있는 기회를 가진다. 그리고 이는 앞으로 사회복지를 자신의 직업으로 선택할 것인지를 결정하는 중요한 계기가 될 수도 있다. 과제수행이 너무 어렵고 힘든 경험이었을 경우 실습생으로 하여금 직업으로서 사회복지를 선택하기위해 자신이 무엇을 더 준비해야 할 것인지를 알게 하는 긍정적인 기회가 될 수도 있지만, 반대로 사회복지사가 되는 것을 포기하게 만들 수도 있다. 따라서 실습교육의 목적에 잘 맞는 실습과제를 선정하는 것이 중요하다.

(2) 실습과제의 선정 기준

실습기관에서 실습생에게 어떤 과제를 주느냐는 매우 중요한 사항이다. 실습과제는 사회복지 실습의 전 과정 중에서 실습교육의 효과를 가장 잘 드러낼 수 있는 중요한 부분이기 때문에 실습생의 욕구와 능력, 그리고 실습기관의 환경 및 업무 특성 등을 고려하여 선정해야한다. 또한 과제는 실습생이 전문 사회복지사로서의 준비를 가능하게 해주는 것이어야 한다. 그렇다면 과제 선정의 기준이 되는 것은 아래와 같다.

◇ 실습생의 능력

실습생에게 부여되는 과제는 실습생의 교육 수준과 실무경험 정도에 따라 난이도를 조절해야 한다. 즉, 실습생이 대학의 학부생일 경우와 대학원 석사과정생일 경우는 학습경험의 배경이 다르기 때문에 각각의 교육수준을 고려한 실습과제를 선정해야 한다. 그리고 실습생이 사회복지현장에서 사회복지사로 근무 중인 대학원생인 경우, 혹은 사회복지현장에서 사회복지 관련 분야의 업무에 종사하고 있는 학부생인 경우 또한 각각 감당할 수 있는 범위가 다를 것이기 때문에 그들의 실무 경험정도를 충분히 고려한 과제가 부여되었을 때 실습과제의 효과가 극대화 될 수 있다.

◇ 실습생 보호

실습생에게는 주로 실습기관의 업무 중 비교적 단순하고 어렵지 않은 과제가 주어진다. 실습 초기에 성취감을 줄 수 있다는 점과 실습생을 위험에서 보호하기 위한 이유에서인데, 실습기관의 입장에서는 후자의 이유가 더 클 것이다. 예를 들어, 20대 초반의 여자 실습생을 남성 알코올 중독자의 가정으로 사후방문조사를 보낸다거나, 비행청소년 집단 프로그램을 담당시키거나 하는 것을 실습과제로 선정하는 것은 꺼려한다. 자칫하면 복잡하거나 어려운 상황으로 발전할 수 있기 때문이다.

◆ 클라이언트 보호

실습기관의 업무에 따라서는 클라이언트를 보호하기 위해 실습생에게 클라이언트를 노출시키기 어려운 경우가 있다. 그러한 기관에서는 실습생에게 과제를 선정할 때에 특히 더 신중할 수밖에 없을 것이다. 예를 들어 10대 미혼모를 위한 시설에서는 임신 사실을 비밀로 하고 조용히 지내기를 원하는 클라이언트들이 대부분이기 때문에 실습생이 만나 개별 상담을 하는 과제를 선정하기는 어려울 것이다. 또한 국내입양기관에서는 실습생에게 입양 진행 중인 양부모를 직접 만나는 기회를 제공하기란 쉽지 않을 것이다. 따라서 클라이언트의 보호에 우선하여 실습과제 선정의 범위를 제한하기도 한다.

2) 실습과제 수행의 전제 조건

(1) 실습과제 수행을 위한 실습생의 조건

◆ 이론과 실천의 연계를 위한 노력

사회복지 실습의 일차적 목적은 실습생의 교육이므로 실습과제의 수행을 통하여 이론과 기술의 습득과 같은 학습경험을 극대화할 수 있도록 해야 한다(서진환, 2001). 따라서 실습과제를 수행하기 위해 실습생은 이미 학교에서 배웠던 이론적 지식을 활용하기 위해 준비해야 한다. 노인복지관의 주간보호센터에서 실습을 하고 있는 경우라면 노인복지와 관련하여 학교에서 배웠던 기초이론들, 노인의 특성과 치매, 중풍 등 노인성 질환에 대한 이해, 장기요양보험제도 등과 관련된 지식들을 실습과정에서 활용할 수 있다. 나아가 세부적인 지식과 기술을 습득하기 위해 실습생 개개인의 특별한 노력이 더해져야 한다. 즉, 치매와 중풍 등 노인성 질환과 관련된 새로운 연구결과들에 대한 조사, 지역사회의 이용 가능한 자원 탐색, 수발가족들을 위한 개입방법에 대한 조사 등을 통해 보다 풍부한 실습 경험이 되도록 노력해야 한다.

◆ 기관 업무에의 기여

실습생은 대개 단순하고 초보적인 업무를 맡게 된다. 그러나 시간이 지남에 따라 실습생에게 좀 더 어렵고 책임이 요구되는 과제가 부여되는데, 이때 실습과제를 제대로 수행하지 못한다면 실습생의 지도가 실습지도자에게는 부담스럽게 느껴질 것이다. 따라서 실습생은 맡겨진 실습과제를 성실히 수행하여 한 단계씩 높여감으로서 실습기관의 어려운 업무를 수행할 수 있게 되도록 노력해야 한다. 또한 경우에 따라서는 기관의 행정업무를 대신 맡게 되기도 할 것이다. 이때에 실습생은 이를 불편하게 여기지 말고 사회복지기관의 행정이 어떻게 이루어지는 가를 배울 수 있는 경험의 기회로 삼아야 한다. 물론 지나치게 기관의 단순행정업무를 과제로 부여하는 것은 적절하지 않지만, 적정 수준의 이러한 과제수행은 실습생이 기관에 기여할 수 있는 부분이며 나아가 더 많은 실천적 경험을 쌓도록 도움을 준다.

◆ 비밀보장과 기관 내부 규정의 준수

실습과제를 수행하는 과정에서 실습생은 클라이언트의 비밀이나 기관의 내부사항, 때때로 기밀을 요하는 문서 등을 접하는 경우가 있다. 클라이언트의 비밀을 보장함은 물론, 기관의 업무와 관련된 사항은 절대로 외부에 알려지게 해서는 안 된다. 만일 과제의 기록이나 학교의 실습수업을 위해서 정보의 노출이 필요한 경우에는 반드시 기관의 실습지도자가 사전에 그 범위와 내용을 점검하고 서로 간에 합의와 약속이 있어야 한다.

사회복지 현장실습생의 자세

우리는 사회복지 실습생으로서 사회복지사 윤리강령과 다음 사항을 준수한다.

1. 실습의 목적과 중요성을 충분히 이해하고 실습계약 사항을 이행하기 위하여 최선의 자세로 실습에 임한다.
2. 실습은 대학에서 학습된 이론을 구체적으로 적용하는 과정임을 인식하여 이에 최선을 다한다.
3. 실습교육기관의 구성원이라는 생각으로 타 구성원과 협력하며 친화적인 태도를 취한다.
4. 기관의 정책을 이해하고 수용하며 실습과정에서 준수하도록 한다.
5. 근무시간은 기관의 규정에 준하며 직원과 동일한 자세로 근무시간에 임하도록 한다.
6. 실습시작 최소 10분전에 출근하여 출근을 확인하며, 업무에 관계된 사항을 사전에 준비하도록 한다.
7. 결근, 조퇴, 지각 등 근태와 관련된 사항은 반드시 실습지도자에게 사전에 보고하여 허락을 받도록 한다.
8. 실습지도자의 지시뿐 아니라 타 직원의 지도를 잘 이행하므로 실습효과를 최대화 하도록 한다.
9. 직무에 강한 책임감과 열의를 갖고 적극적으로 임하며 타인에게 책임을 전가하거나 태만하게 행동하지 않는다.
10. 실습으로 인하여 알게 된 클라이언트의 사적인 정보를 교육적 목적(대학실습지도 등) 이외에는 절대 발설하지 않으며, 교육적 목적이라 하더라도 가명을 사용하여 개인의 비밀이 침해되지 않도록 한다. 실습종료 후, 실습관련 내용을 학회지 등에 게재하고자 할 때는 반드시 실습지도자와 상의하여 허락을 받아야 한다.
11. 실습지도자의 지도 혹은 타실습생의 실습을 견학, 관찰할 경우 배우는 자세로 진지한 태도를 취한다.
12. 기관의 직원, 클라이언트 등에 대해 예의를 지킨다.
13 복장, 소지품은 실습기관의 특성과 상황에 맞게 취하되 가능한 화려한 것을 피하고 검소하며 단정한 것으로 착용하도록 한다.
14. 안전사고에 만반을 기하도록 하며 안전사고와 관련된 기관의 규정을 사전에 숙지하여 그에 준해 처리하도록 한다.
15. 실습일지를 비롯한 각종 실습기록은 사실에 근거하여 정확하고 구체적으로 정리하여 실습 시 실습지도자와 실습지도교수의 강평을 받는다.
16. 과제에 관하여 연구하고 그 결과물에 대해 실습지도자의 강평을 받는다.
17. 실습과정 중 어떤 경우라도 사례금 등의 금품을 절대 주거나 받지 않는다.
18. 과제물은 정해진 기일에 제출하고 출근 전에 작성을 마친다.
19. 기관의 명칭을 사적으로 활용하지 않으며 실습생의 신분을 지킨다.
20. 기관을 대표한다는 자세로 실습교육기관의 직원들과 동일한 업무 태도와 자세를 취한다.

출처: 한국사회복지사협회(2010), 현장실습안내서

(2) 실습과제 수행을 위한 실습지도자의 조건

◆ 실습과제의 양과 내용의 조절

실습생에게 실습과제를 부여할 경우에는 분량과 내용에 있어서 적절한 수준을 유지해야 한다. Royse(1993)에 따르면 실습생이 많은 업무를 떠맡게 되거나 자신의 능력에 대하여 회의를 가지게 되는 것은 일반적으로 발생할 수 있는 상황이나, 업무의 양이나 수준에 압도되어 견디기 힘든 스트레스를 경험하게 되는 경우인데(예: 소화불량, 불면증, 공황발작 등), 이는 실습생이 처리할 수 있는 수준을 넘어서는 책임을 맡고 있다는 신호이다(서진환, 2001 재인용). 실습과제의 분량은 매우 중요한 문제로서 너무 과중하거나 혹은 너무 적은 경우에는 실습교육의 효과성이 떨어지기 때문에 실습지도자는 실습생이 감당할 수 있는 분량과 내용의 과제를 실습생과 상의하여 조절해야한다.

◆ 실습과제 수행을 위한 적절한 실습지도

실습지도자는 실습생에게 과제를 부여한 후 수시로 과제수행 과정을 확인해야 한다. 실습생이 과제수행을 어려워하거나 어떤 문제에 부딪혔을 경우에는 언제든지 실습지도자와 의논할 수 있도록 해야 하며, 적절한 조언과 때로는 대안을 제시해주어야 한다. 실습생의 과제를 지도할 때에 다른 실습생이나 이전의 실습생과 비교하는 것은 바람직하지 않으며, 과제수행 결과를 평가할 때에도 냉철하고 분명한 평가는 필요하나 동시에 칭찬과 격려가 뒤따를 필요가 있다.

(3) 실습기록의 작성

사회복지 실습교육에 있어서 기록(recording)은 굉장히 중요한 도구이다. 기록을 통해 전문적인 지식과 식견이 발전할 수 있기 때문이다.

사회복지에서 기록은 크게 두 가지 목적을 가진다. 첫째, 클라이언트의 발전에 관해 서면으로 작성된 근거를 제공한다. 둘째, 개입의 결과를 기록(문서화)하는 것이다. 이 두 가지 목적은 모두 중요하지만 실습교육에서는 초점을 자아개발에 두어야 하며 실천에서는 서비스와 책임성을 강조해야한다(조휘인 · 김선희, 2000). 이처럼 실습기록은 이 두 가지 목적을 모두 달성하는 것을 과제로 이루어져야하기 때문에 실습기록을 작성하는 데에는 실습생 개인의 발전과정과 함께 클라이언트를 위한 책임성을 보장하는 것이 모두 포함되어야 한다.

사회복지 실천기록을 작성하는 목적은 다음과 같이 정리할 수 있다.

- 사회복지 실천활동의 문서화 : 실천활동을 문서화함으로써 기관 서비스의 책임성을 보장하며 사회복지사의 전문활동을 입증할 수 있는 근거자료가 된다.
- 효과적 서비스를 위한 모니터 : 사회복지사 자신의 활동을 점검하여 평가, 수정할 수 있다.
- 지속적인 사례관리 : 클라이언트에게 제공하는 서비스를 기록을 통해 파악할 수 있기 때문에 지속적인 관리가 가능하다.
- 다학제 간 의사소통 : 클라이언트에게 다양한 전문적 서비스를 제공할 경우, 기록을 공유함으로서 효과적으로 의사소통할 수 있는 수단이 된다.
- 슈퍼비전의 도구 : 기록을 통해 실습지도자로부터 슈퍼비전을 받을 수 있으며, 이를 통해 자신의 전문적 활동을 점검하고 발전할 수 있다.

〈기록 양식-사례관리 계획서〉

사례관리 계획서

실습생명:

클라이언트명		성　　별		조 사 일	
주　　소		전화번호		작 성 일	
직　　업		학　　력		연　　령	
의뢰경위		경제상태	□ 일반　□ 저소득　□ 수급자		

1. 일반적인 사항
   - 가족상황, 경제상황, 건강상황, 일상생활 및 주거상황, 사회심리적 상황, 자원활용상황

2. 클라이언트에 관한 사항
   - 신체, 인지, 정서, 행동기능면 / 클라이언트의 강·약점

3. 욕구진술

4. 개입계획

욕구	결과목표	세부목표	표적체계	개입전략 및 수행방법	비고(역할분담 등)

5. 서비스 일정표

날짜	담당	서비스 목표	서비스 내용	준비물	비고

출처: 한국사회복지사협회(2010), 사회복지현장실습안내서.

〈기록 양식-집단지도 계획서〉

집단지도 계획서

집 단 명 :	집단지도자(실습생)명 :
대 상 :	성 원 수 :
기 간 :	장 소 :

1. 실시 배경

2. 목적

3. 목표

결과목표 1		결과목표 2	
하위목표 1-1		하위목표 2-1	
하위목표 1-2		하위목표 2-2	

4. 목표관련 지도 내용 및 구체적 수행방법

결과목표	하위목표	지도 내용	수행방법	비 고

5. 평가계획

평가지표	
평가도구	
평가방법	

6. 회기별 일정표

횟수	일시	목 표	내 용	준비물

7. 예산

출처: 한국사회복지사협회(2010), 사회복지현장실습안내서.

〈기록 양식-집단과정 일지〉

집단과정 일지

집단지도자(실습생)명		집단명	
집단진행 날짜		집단활동 장소	
참석자(명)명단			
결석자(명)명단			

1. 목표 및 세부목표

1. 목표: 2. 세부목표: 2-1. 2-2.

2. 집단진행요약

시간	프로그램 내용	사회복지사의 역할

3. 과정 기록

1) 모임 전 단계(자리 위치 표시)
2) 모임 단계
3) 모임 후 단계

4. 평가

1) 목표 달성 및 프로그램 평가
2) 집단의 역동성(성원-성원, 성원-지도자)
3) 성원의 개별 평가(개인의 변화, 참여도, 지도자 · 타 회원과의 관계)
4) 지도자 자신에 대한 평가(역할 및 의도적 개입)

5. 다음 집단모임 계획

출처: 한국사회복지사협회(2010), 사회복지현장실습안내서.

3) 실습과제의 유형

(1) 실습일지

실습일지는 실습과제 중 가장 큰 부분을 차지하는 것으로써 실습생이 매일 매일의 실습내용을 일정별, 내용별로 기록하는 것이다. 실습일지를 작성하는 목적은 실습활동의 기록을 통해 실습생으로 하여금 자신의 활동을 점검, 보완하도록 하는 것이며, 실습지도자가 적절한 슈퍼비전을 제시하도록 한다.

실습일지에는 그날 수행한 업무내용, 자신의 업무수행에 대한 분석과 평가 등이 포함되며, 실습기관의 업무를 수행하면서 느꼈던 기관 행정과 서비스에 대한 문제점 등에 대해서도 제언할 수 있다. 실습일지의 양식과 작성방법은 기관에 따라 때로는 학교에 따라 약간씩 형식은 다를 수 있지만 일반적으로 다음의 사항들을 포함하고 있다.

◇ 실습일지 작성 시 포함되는 사항들

- 실습기관명, 당일 실습부서, 당일 실습지도자명을 기입한다.
- 당일 실습일정표를 시간대별로 순서에 맞게 작성한다.
- 실습일정에 따라 자신이 수행한 업무를 구체적이고 객관적으로 기록한다.
- 실습내용 작성 시 사실 중심으로 기록하며 실습생 개인의 감상이나 의견이 포함되지 않도록 주의한다. 실습생의 소감은 맨 뒷부분의 실습생 의견란에 기록한다.
- 교육을 받았거나 타 기관으로 견학을 한 경우라며 교육받은 내용과 기관방문 시 받았던 인쇄물들을 함께 첨부해 둔다.
- 가능한 사회복지에서 사용하는 전문용어로 기록을 하며 줄임말이나 비표준어, 비속어 등을 사용하지 않도록 유의한다.
- 클라이언트와의 개별 면접이나 집단 프로그램을 직접 진행했을 경우에는 사례관리 기록과 집단활동 일지 등의 양식에 따로 수행내용을 기록하여 실습일지에 함께 첨부해둔다.

- 실습과정 중 기관에 제출했던 리포트나 기타 과제물들도 실습일지에 함께 첨부해둔다.
- 실습지도자로부터 슈퍼비전을 받은 내용은 자세하게 기록한다.
- 실습생 의견란에는 실습당일 실습 수행과정에서 느꼈던 점이나 궁금한 사항, 그리고 제언 등을 기록한다. 이때에는 감상적으로 기록하는 것보다는 자신의 감정과 생각에 대해서도 구체적이며 발전적으로, 성장 지향적으로 기록해야 한다.
- 실습과정 중 발생하는 불만이나 어려움 등에 대해서는 실습일지에 먼저 기록하기보다는 실습지도자와의 면담을 통해 해결하는 것이 좋다. 불만사항이나 제언을 일지에 기록할 때에는 자칫 개인적인 감정으로 받아들일 수 있기 때문에 유의해야 하며, 가능한 감정이 배제된 공손한 문구를 사용하여 기록한다.
- 실습일지는 당일 작성하여 바로 다음날 실습지도자에게 제출하여 실습지도자란에 코멘트를 받는다. 실습지도자는 가능한 일지검사를 미루지 않고 바로 작성하여 실습생에게 돌려주어 실습생의 자기 발전에 도움이 되도록 해야 한다.

〈실습일지 양식〉

실 습 일 지

1. 실습생명:
2. 실 습 일:
3. 오늘의 목표:

4. 진행내용 (시간, 내용 등을 중심으로 기록)

5. 실습생 의견 (배운 점, 의문사항, 건의 등 포함):

6. 실습지도자 의견

출처: 한국사회복지사협회(2010), 사회복지현장실습안내서.

〈실습일지 예시〉

실 습 일 지

<table>
<tr><td>실습일시</td><td>2009년 7월 6일(월요일)</td><td>실습생</td><td>김○○</td><td>소속학교</td><td>○○ 대학교</td></tr>
<tr><td>실습기관명</td><td>○○노인복지관</td><td>실습부서</td><td>재가복지1팀</td><td>실습지도자</td><td>이○○</td></tr>
<tr><td>실습 일정</td><td colspan="5">주요 실습내용</td></tr>
<tr><td>09:00~09:20</td><td colspan="5">OT 및 청소</td></tr>
<tr><td>09:20~09:40</td><td colspan="5">도시락 배달 자원봉사자 교육</td></tr>
<tr><td>09:40~10:30</td><td colspan="5">도시락 포장 및 배달 준비</td></tr>
<tr><td>10:30~12:00</td><td colspan="5">도시락 배달 실시</td></tr>
<tr><td>12:00~13:00</td><td colspan="5">점심 및 휴식</td></tr>
<tr><td>13:00~16:30</td><td colspan="5">교육 - 재가노인복지 프로그램의 전반적인 과정
- 보도자료 작성법 및 홍보전략 (담당: 김○○ 사회복지사)
- 노인의 영양 및 위생관리 / 경로식당 운영 방법 (담당: 서○○ 영양사)</td></tr>
<tr><td>16:30~16:50</td><td colspan="5">휴식 및 개별과제 수행</td></tr>
<tr><td>16:50~17:00</td><td colspan="5">공지사항 (슈퍼바이저) 및 일과 정리</td></tr>
<tr><td>실습활동 내용</td><td colspan="5">• 당일 실습 OT후 도시락 배달을 위한 자원봉사자 교육을 받았다.
• 재가복지사업의 도시락 배달을 위한 도시락 포장 봉사에 참여했다.
• 재가복지 업무지원으로 도시락 배달 봉사에 참여했다. 복지관 관내에 위치한 독거어르신 집에 방문하여 점심 도시락을 드리고 어르신의 건강을 살피고 이야기를 나누었다.
• 재가노인 복지 프로그램에 관한 전반적인 내용 및 재가복지1팀에서 실시하고 있는 서비스에 관한 교육을 받았다.
– 재가복지사업이란?
: 경제적, 신체적, 정서적으로 일상생활에 어려움을 겪고 계신 어르신들에게 사회복지사가 직접 방문하여 자원봉사자나 지역사회자원을 연계하여 어르신의 일상생활에 필요한 서비스를 제공하여 지역사회 내에서 안정된 생활을 영위할 수 있도록 지원하는 사업.
– 재가복지 사업 대상
: 만 60세 이상 기초생활 수급권자 또는 저소득 어르신
– 서비스 전달 과정
: 대상자 추천 - 동사무소 의뢰, 보건소 의뢰, 지역주민 소개
: 어르신 신청 → 가정방문통한 실태조사 → 선정회의 → 대상 어르신 선정 → 서비스 계획 → 서비스 제공 → 평가
• 재가복지1팀에서는 어르신 상담, 가정봉사원 파견사업, 생활지원사업, 서울시공동모금회 지원사업인 희망나눔두레 공동체사업, 특별행사, 주거환경개선사업 등을 실시하고 있다.
• 사회복지 홍보전략에 관한 교육을 받았다.(담당 - 김○○ 사회복지사)
– 글쓰기와 사진 찍기
– 매뉴얼 작성, 사연쓰기 요령, 인터뷰 시 자세, 사진 찍는 요령 등 기관 홍보에 관련된 세부적인 내용을 배웠다.
• 노인의 영양 및 위생관리와 경로식당 운영방법 등의 교육을 받았다.(서○○ 영양사)
→ 노년기의 올바른 식생활
: 기호도를 중시하되 편식이 되지 않도록 한다.
: 양보다는 질적으로 우수한 단백질 식품(살코기, 생선, 두부, 우유 등)을 충분히 섭취한다.</td></tr>
</table>

실습활동 내용	: 열량 섭취를 줄이고 짠 음식을 피한다. : 지방이 많은 음식을 피하고 식물성 기름을 우선적으로 섭취한다. : 뼈를 위해 칼슘급원식품(우유, 유제품, 뼈째 먹는 생선)을 충분히 섭취한다. : 신선한 채소, 과일, 해조류를 많이 섭취하여 비타민과 무기질을 보충하고 체내의 신진대사를 촉진한다. ⇨ 노인에게 적당한 조리방법 : 식욕을 돋우기 위해 고소한 맛이 나도록 참기름, 들기름 등을 사용하고, 딸기, 메론, 파인애플, 귤, 냉이, 더덕, 미나리, 달래 등 향이 좋은 식품을 사용한다. : 소화기능이 약화되므로 생채소보다는 적당히 썰어 익혀서 사용한다. : 조리할 때 돼지기름, 쇠기름, 버터와 같은 동물성 지방보다는 콩기름, 참기름, 들기름과 같은 식물성 지방을 이용한다. : 자극성이 강한 조미료나 맵고 짠 젓갈류, 절임류의 사용을 줄이고, 국류나 찌개류의 간을 싱겁게 한다. : 고기류는 잘게 다져서 조리하거나 곰탕, 쇠고기무국 등에 넣어 섭취하여 소화를 잘되게 한다. : 기름진 음식은 소화가 잘되지 않으므로 튀김보다는 볶음이나 무침으로 조리한다.
실습 소감	오늘의 주요 업무는 재가 어르신 댁에 도시락 배달을 하는 것이었다. 태어나서 처음으로 할아버지 혼자 사시는 집을 방문하는 것이어서 약간 떨리기도 했다. 할아버지는 낡고 허름한 집에서 혼자 사시고 계셨다. 혼자 사신지 거의 10년이 넘었다고 하시는데, 연로하셔서 인지 집안이 청소가 제대로 되어있지 않았고 냄새도 났다. 이런 집에서 하루 종일 오가는 사람도 없이 혼자 지내시는 할아버지가 너무 안쓰럽게 여겨졌다. 우리가 드린 도시락을 펼쳐보시지도 않고 한쪽으로 미뤄놓으신 후 다시 자리에 누우셨다. 꼭 챙겨 드시라고 당부한 후에 뒤돌아 나오는 발걸음이 왠지 가볍지 않았다. 이렇게 혼자 사시는 어르신들이 도대체 얼마나 될까? 나 또한 앞으로 나이 들어서 저런 모습으로 혼자 살게 될 수도 있지 않을까? 이런 생각이 들면서 새삼 노인복지의 필요성, 중요성 등에 대해 다시 한 번 확인하게 되었다. 오후에는 재가복지팀의 주요 업무와 관련된 교육을 받았다. 교육시간이 약간 길게 느껴지긴 했지만 재가복지와 관련된 전반적인 교육이었기 때문에 학교에서 배웠던 것 보다는 훨씬 더 구체적인 내용이었다는 생각이다. 특히 서비스 전달 과정에 대해서 설명을 듣다보니 오전에 했던 도시락 배달 경험이 좀 더 분명하고 구체적으로 다가왔다. 특히 홍보전략이나 보도자료 작성 등에 관한 교육은 매우 새롭고 흥미로웠다. 학교에서는 전혀 배워보지 않았던 내용이었고 이런 것들도 사회복지현장에서 필요하다는 것을 알게 되었다. 교육을 통해 정말로 중요한 것이 바로 홍보활동이라는 생각이 들었다. 친구들과 함께 선생님께서 내주신 기관의 홍보전략 구성과제를 진행해 보면서 처음에는 좀 난감했지만 여러 가지 아이디어들을 제안하고 토론하는 과정에서 약간의 희열도 느끼며 무척 재미있었다. 의외로 내 적성에 잘 맞는 분야라는 생각도 들었고, 사회복지가 꼭 클라이언트를 만나서 서비스를 직접 제공하는 것만이 아니라는 것을 알게 된 것 자체가 내게는 새롭고 흥미로운 일이었다. 노인의 영양과 위생관리교육은 생소했지만 정말 중요한 내용이라는 생각이 들었다. 오전에 했던 도시락 배달 시에는 그 안에 담겨진 도시락 반찬 메뉴가 노인의 영양을 모두 고려해서 만들어졌다는 생각까지는 하지 못했는데, 이런 세심한 배려가 담겨있었다는 것을 알 수 있었다. 오늘도 정말 새롭고 알찬 교육이어서 뿌듯한 하루였다.
실습지도자 지도내용	

(2) 실습기관 분석보고서

실습과제 중 실습일지 다음으로 실습생들에게 가장 부담스럽게 여겨지는 주요 과제가 바로 실습기관에 대한 분석 보고서이다. 기관 분석 보고서를 작성함으로서 실습생은 기관구조의 전체적인 요소들뿐만 아니라 기관 서비스에 관해 객관적인 입장에서 살펴볼 수 있는 기회를 가질 수 있다.

Johnson(1986)이 사회복지기관을 이해하기 위해 필수적인 요소로 다음의 내용을 제시하였는데(서홍란 · 이경아, 2008 재인용), 이것을 기관 분석 보고서를 작성할 때 참고하는 기준으로 삼을 수 있다.

- 기관의 목적과 가치 : 기관이 갖고 있는 가치와 우선순위는 서비스 전달에 중요한 영향을 미친다. 기관의 공식문서나 안내책자에 제시되어 있는 내용뿐 아니라 실제 서비스 전달과정에서 기관의 목적이 어떻게 전달되는가를 분석하고 기관의 역사적 발전과 변화를 파악하는 것이 기관의 목적과 가치를 이해하는 데 도움이 된다.
- 기관의 조직과 구조 : 기관 내 공식 · 비공식적 조직과 행정방침, 규범, 의사결정과 의사소통과정, 통제방식 등을 통해 기관의 조직구조를 파악할 수 있다.
- 기관 직원과 자원봉사자를 포함한 인적 자원과 재정적 자원 : 기관 직원 및 자원봉사자를 포함한 인적 자원과 기관소유의 건물, 설비, 후원금 및 보조금 등 재정 상태를 파악함으로써 기관운영 현황을 이해할 수 있다.
- 기관이 선호하는 서비스 전달방식 등 기관의 업무방식 : 기관이 선호하는 서비스 전달 방식(개별, 가족, 집단, 지역사회, 장기, 단기, 위기개입 등)은 기관이 가지고 있는 이론적 접근이나 모델, 대상집단의 특성에 따라 달라지며 직원들의 교육배경과 주요업무에 의해 영향을 받기도 한다.
- 기관 직원의 개인적 · 전문가적 특성 및 타직원과 집행부의 관계를 파악한다.
- 기관을 이용하는 클라이언트 : 기관을 이용하는 클라이언트도 기관의 한 구성요소로서 기관

의 특성을 이해하는 데 중요하게 고려되어야 하는 요소이다. 기관의 서비스 전달 방식이 클라이언트의 욕구나 기대를 수용하는 방식으로 이루어지고 있는가는 점차 중요하게 다루어지고 있는 부분이다.

- 운영위원회, 이사회, 자문위원회 : 비영리 사회복지기관에서의 이사회는 조직의 총체적 관리를 위해 재가 받은 조직체로서 조직의 정책결정이나 인사, 기획, 기금조성 등의 책임을 진다.
- 기관의 서비스와 프로그램, 구성원의 관심, 공식구조, 권력체계, 환경 등을 파악한다.

실습기관에 대한 분석보고서는 실습이 시작된 후 1~2주 내에 작성하는 것이 바람직하다. 이 시기는 아직 실습지도자와의 친밀한 관계가 형성되기 이전이며, 실습기관에 대한 주관적 의견이 가능 한 배제되어 객관적인 분석이 이루어질 수 있는 시점이기 때문이다. 만일 실습 시작 후 중간 시기나 혹은 종결 시점에 분석이 이루어진다면 경우에 따라서는 실습생 개인의 주관적인 견해로 인해 지나치게 옹호적이거나 반대로 비판적으로 분석이 이루어질 수 있다. 예를 들어 실습지도자와의 마찰이 있었다거나, 실습과제 수행과정 중 기관의 업무 진행방식에 대해 개인적으로 불만을 가진 실습생이라면, 기관 분석 보고서 작성이 객관적으로 이루어지지 않을 가능성이 크기 때문이다.

〈기관 분석 보고서 양식〉

실습기관 분석 보고서

실습생명		기관명	
기관주소	(전화:)		
기관소개자	(부서: 직책:)		

1. 기관의 역사
   (1) 기관 설립동기 및 설립목적
   (2) 기관 사업의 역사적 변천
   (3) 기관 역사에 대한 실습생의 평가

2. 기관의 목적

3. 기관의 주요사업 및 프로그램
   (1) 클라이언트 및 대상 지역
   (2) 주요사업
   (3) 서비스 전달체계
   (4) 기관의 대상층 및 주요사업에 대한 실습생의 평가

4. 기관의 행정사항
   (1) 기관의 조직구조
   (2) 예산, 후원 및 지원사항
   (3) 기관의 행정구조와 예산 사용 및 후원에 대한 실습생의 평가

5. 기관이 속한 지역사회, 물리적 환경의 특징
   (1) 지역사회
   (2) 물리적 환경(시설, 공간 등)

6. 사회복지기관으로서 지역 내 타 기관들과의 연계
   (1) 관계유형 및 내용
   (2) 기관의 타 기관과의 관계유지에 대한 실습생의 평가

7. 기관의 특별한 면이나 전반적인 사항에 대한 인상이나 느낌

〈기관 분석 보고서 예시〉

실습기관 분석 보고서

실습생명	김○○	기관명	○○노인복지관
기관주소	○○시 ○○구 ○○동 ○○번지 (전화:)		
기관소개자	이○○ 팀장 (부서: 직책:)		

1. 기관의 역사

(1) 기관 설립동기 및 설립목적

○○○복지재단은 사회공헌정신을 바탕으로 대한○○교 ○○회 ○○교회에서 설립된 사회복지전문재단이다. ○○○정신을 바탕으로 ○○○정신과 사랑을 실천가며 이념을 초월하여 경제적으로 또는 심리적으로 어려움을 겪고 있는 소외된 노인계층을 위한 사회복지사업을 수행하여 노인복지를 향상하고 국가의 복지정책과 사회이익, 그리고 인류의 인간다운 삶을 이루는 데 기여하고자 한다.

(2) 기관 사업의 역사적 변천

1999년 9월 23일 시립 ○○노인복지관 개관
1999년 11월 10일 노인복지시설허가
1999년 11월 29일 재가노인복지시설 허가
2000년 2월 1일 치매주간보호시설 허가
2005년 7월 1일 경로식당운영 실시
2005년 8월 10일 ○○고령자취업알선센터 이전 개소
2006년 1월 3일 제2대 ○○○관장 취임
2006년 3월 6일 노인일자리사업 실시
2006년 5월 1일 ○○○연예인 홍보대사 위촉
2006년 11월 5일 사회교육/정서함양 만족도 조사보고서 발간
2007년 3월 23일 노인 돌보미바우처 서비스 제공기관 지정
2007년 10월 5일 은빛 축제 참가
2008년 3월 3일

(3) 기관 역사에 대한 실습생의 평가

○○노인복지관은 종교단체에서 설립한 복지재단이 운영 주체이다. 많은 노인복지관이 그러하듯이 ○○노인복지관도 기관의 역사는 그리 길지 않은 10년 남짓되었다. 하지만 그동안 다양한 노인복지사업들을 개발하고 운영하여 전문 서비스 기관으로 손색이 없다는 것을 알 수 있었다. 특히 복지관에 홍보대사를 위촉하여 기관 서비스를 널리 알리고 지역사회의 관심을 끌어 자원 발굴을 꾀한 것은 매우 놀라운 일이라고 생각한다.

2. 기관의 목적

(1) 전체적인 목적

노인의 욕구에 맞는 서비스를 제공하여 노인들의 보람되고 활기찬 노후생활을 돕고 저소득층 노인의 자립과 자활을 위한 사회복지서비스를 제공하며, 노인에 대한 전문적인 치료, 보호, 재활을 통해 노인복지의 증진에 기여하고자 한다.

(2) 구체적인 목적

- 기관의 설립정신인 ○○교 정신에 입각한 사회복지서비스를 제공한다.
- 노인의 욕구와 지역사회문제에 대응한 서비스를 개발하고 제공한다.
- 노인의 적성과 경험에 맞는 일자리서비스를 제공한다.
- 편안하고 즐거운 여가생활을 위한 사회교육 프로그램을 제공한다.
- 지역사회 독거노인을 위한 돌보미서비스 및 다양한 재가복지서비스를 제공한다.

3. 기관의 주요사업 및 프로그램

(1) 클라이언트 및 대상 지역

- 이용대상 - 만 60세 이상의 서울시민 누구나.
- 가입절차 - 소정의 가입절차를 통해 각 프로그램을 이용할 수 있으며 가입비는 없다.
- 가입 시 구비서류 : 반명함판 사진 1매, 주민등록증
- 가입절차 : 복지관 방문 → 이용자 상담 → 회원등록 → 회원증 발급

(2) 주요사업

- 어르신 상담서비스
- 사회교육서비스
- 경로당 활성화 서비스
- 치매주간보호센터 프로그램
- 경로식당 운영 및 도시락 배달 서비스
- 노인일자리사업
- 가정봉사원파견센터

(3) 서비스 전달체계

클라이언트 → 이용 상담 → 회원 등록 → 복지관 이용 및 서비스 제공

(4) 기관의 대상층 및 주요사업에 대한 실습생의 평가

○○노인복지관은 서울시내 주요부에 위치하여 상당히 많은 어르신들이 이용하고 있다. 특히 전철역에서 매우 가까워 접근성이 용이하여 사회교육 프로그램을 이용하는 어르신들이 많았고, 다양한 교육 프로그램들이 구성되어 어르신들이 좋아하시는 모습을 볼 수 있었다. 그 외의 주간보호 프로그램이나 일자리

프로그램 등의 사업 등 매우 다양한 사업들이 운영되어있어 어르신들의 욕구를 충족시킬 수 있다는 생각이 든다. 다만 다른 모든 노인복지관과 똑같은 프로그램 외에 이 지역의 특성에 맞는 좀 독특한 프로그램이 있으면 어떨까 하는 생각을 해보았다.

4. 기관의 행정사항

(1) 기관의 조직구조

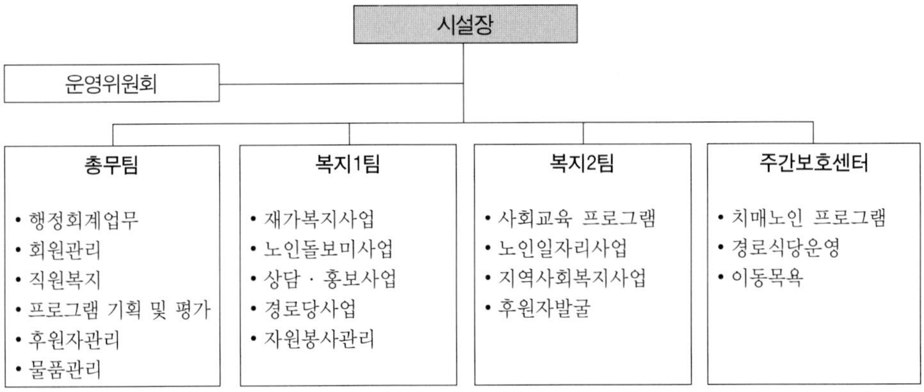

(2) 예산, 후원 및 지원사항

	세입 : 2,553,613천원		세출 : 2,553,613천원	
목록	보조수입	1,631,385천원	인건비	900,594천원
	사업수입	312,886천원	사무비	6,960천원
	전입금	162,935천원	사업비	1,369,579천원
	후원금	445,207천원	재산조정비	263,438천원
	기타수입	1,200천원	예비비	13,042천원

(3) 기관의 행정구조와 예산 사용 및 후원에 대한 실습생의 평가

사회복지 기관이 대부분 그렇듯이 정부로부터의 보조금에 많이 의존하고 있는 예산구조이다. 그러나 의외로 후원금이 많은 것을 볼 수 있는데, 이는 종교재단에서 운영하고 있는 기관의 특수한 상황으로 후원자 개발이 타 기관에 비해 좀 더 쉽게 이루어졌을 것이라고 생각한다. 또한 행정구조를 보면 현재 진행하고 있는 사업의 종류에 비해 직원 숫자가 적다고 생각되며 그러다보니 질적으로 발전할 수 있는 기회가 적지 않을까 하는 우려가 든다.

5. 기관이 속한 지역사회, 물리적 환경의 특징

(1) 지역사회

① 인구 : ㅇㅇ구의 인구는 354,105명이며, 그 중 65세 이상 고령자는 24,633명, 장애인은 4,765명으로 장애범주의 확대로 인하여 증가추세에 있으며, 국민기초생활보장수급자는 4,821명(1,965가구)이다.

② 주거 : 과반수가 넘는 85%(총 96,666호)가 집을 보급 받고 있는 것으로 나타나 경제적으로 비교적 안정되어 있는 것으로 판단된다. 주거형태로는 다세대주택에 거주하고 있는 경우가 29,863호로 가장 많았고, 단독주택 27,262호, 아파트 26,074호의 순이었다.

③ 접근성 : 지하철 2, 5호선과 내부순환도로, 자유로, 강변북로, 마포 · 서강 · 양화 · 성산 · 가양 대교, 복지관 바로 앞에 버스정류장이 위치하는 등 타 지역에 비해 대중교통환경이 잘 이루어져 있다.

(2) 물리적 환경(시설, 공간 등)

- 지하 1층 : 공동작업장1, 공동작업장2, 창고, 기계실, 전기실, 발전실, 주차장
- 지상 1층 : 경로식당, 상담실, 자원봉사자실, 사랑방, 휴게실, 머리방
- 지상 2층 : 주간보호, 물리치료실, 건강관리실, 운동치료실, 컴퓨터실, 관장실, 상담치료실, 도서 및 휴게실, 서예실
- 지상 3층 : 강당, 사회교육실 1,2,3, 세탁실, 샤워실, 복지과 사무실
- 옥　　상 : 탁구교실, 포켓볼, 옥외쉼터

6. 사회복지기관으로서 지역 내 타 기관들과의 연계

(1) 관계유형 및 내용

① 사업관련 : 지역사회 내 병원, 경로당, 중 · 고 · 대학교, 종교기관, 관공서, 언론매체

② 자원봉사관련 : 지역사회단체 - ㅇㅇ교회, ㅇㅇ성당, ㅇㅇ아파트 부녀회, ㅇㅇ교회, ㅇㅇ조기축구회
ㅇㅇ지역연합 약사회, ㅇㅇ미용협회, ㅇㅇ한의사협회
: 기업 - ㅇㅇ화재 업무기획파트, 손해사정담당, ㅇㅇ마트, ㅇㅇ은행, ㅇㅇ회계법인
: 대학생: ㅇㅇ대학 봉사동아리, ㅇㅇ대학 사회복지학과, ㅇㅇ대학 댄스동아리

(2) 기관의 타 기관과의 관계유지에 대한 실습생의 평가

ㅇㅇ노인복지관은 법인의 특성상 종교단체와의 연계가 두드러지게 많았다. 그 외에 다양한 지역사회 단체와 기업과의 연계도 잘 맺고 있어서 자원개발에 있어서 타 기관에 비해 한 단계 앞서 있다고 생각한다. 다만, 비슷한 서비스를 제공하고 있는 다른 기관과의 연계가 미약하여 서비스의 중복이나 편중을 피할 수 있는 기회가 적다고 판단되어 앞으로 이 부분에 대해 좀 더 노력해야 할 것 같다.

7. 기관의 특별한 면이나 전반적인 사항에 대한 인상이나 느낌

종교단체가 가진 미션 아래 온 직원이 움직이는 진정한 사랑으로 섬기는 복지관이다. 용역을 따로 두지 않지만 복지관 내는 언제나 청결하다. 10년이 다 되어 가는 건물은 새것같이 말끔하다. 직원들 모두 내 집이라고 생각하고 아낀 결과라고 볼 수 있다.

ㅇㅇ교 신자들이 대부분인 복지관에서는 중요한 행사 때마다 종교의식을 갖는데 이것이 직원들이 서로 지지하며 합심하여 일을 행할 수 있게 만든 원동력인 것 같다. 또한 기관에 자원봉사자들의 상당수가 교회 신자들인 것도 특별한 면으로 볼 수 있는데 이것이 장점도 될 수 있겠지만 자칫 배타적인 분위기를 형성할 수도 있다는 생각이 든다.

(3) 실습평가서

실습평가는 실습생의 자기평가와 실습지도자와 실습지도교수의 평가로 나뉜다. 실습생의 자기평가는 중간평가와 종결평가로 구분하는 데 여기에서는 실습과제에 해당하는 실습중간평가와 종결평가에 대해 설명하기로 한다.

◇ 실습중간평가서

실습중간평가는 실습과정 중반부에 이르러 실습에 대한 전반적인 평가를 하는 것으로서 실습 진행상황뿐만 아니라 실습생의 장점과 단점, 그리고 고충 등에 대해 스스로 점검한다는 데에 그 의의가 있다. 특히 초기에 설정했던 실습목표가 어느 정도 달성되었는지, 남은기간동안 잘 달성될 것인지를 검토하여 실습교육이 효과적으로 이루어질 수 있게 만든다.

실습생은 평가서를 작성하면서 자신에게 문제가 되는 부분들을 발견할 수 있으며, 무엇이 부족하고 어떤 것을 보충해야 하는지를 알 수 있다. 그리고 그러한 것을 보완하기 위한 작업을 실습지도자와 함께 의논하여 실습교육에 반영할 수 있다. 이것은 실습생이 자신의 실습교육에서 주도적이며 능동적인 주체로 움직이도록 만들며 결국 적극적인 사회복지사가 될 수 있는 자질을 만드는데 돕는다.

◇ 실습종결평가서

실습이 막바지에 이르면 실습생은 자신의 실습수행 전반에 걸친 최종평가를 하게 되는데, 이때 작성하는 것이 종결평가서이다. 실습생은 종결평가서를 작성하면서 자신이 목표했던 것들이 어느 정도 달성되었는지, 실습과제는 성공적으로 수행했는지, 실습을 통해서 자신에게 어떤 성장과 변화가 있었는지, 강점은 무엇이며 보완해야 할 점은 무엇인지 등을 알 수 있다. 또한 실습지도자와 동료 실습생들로 부터의 피드백을 통하여 자신을 객관적으로 볼 수 있는 기회가 될 수 있다. 실습종결평가서는 보통 실습이 끝나기 1~2주 정도에 작성하여 실습지도자에게 제출하며, 실습종결평가 시에 서로 논의할 수 있는 평가시간을 갖는다.

종결평가서를 작성할 때는 다음의 사항들을 참고로 한다(서진환, 2001).

- 전문성 개발에 대한 평가 : 실습기관에서 제공받은 학습 프로그램 및 실습과제수행의 평가를 통해 실습을 통한 전문성 개발 정도를 평가할 수 있다.
- 실습역할수행 상의 자세 및 노력에 대한 평가 : 실습생 스스로 자신의 실습지에서의 적응태도, 실습지도자와의 관계, 실습지에서 가용한 자원에 대한 활용정도 등을 평가한다.
- 사회복지사로서의 자아인식 면에 대한 평가 : 사회복지사로서의 자신의 강점과 약점을 중심으로 자신의 능력이 실습을 통해 어떻게 발휘되었는지를 기술한다. 또한 기관의 실무자, 동료실습생들 및 실습지에서의 대인관계 활용정도를 평가하여 사회복지실습에 대한 인식과 동기에 대해 실습이 준 영향에 대해 평가한다.
- 실습교육에 대한 평가 및 제언 : 실습과목과 기관, 실습과정 전반에 걸쳐 건의사항과 학교의 실습세미나에 대한 평가 및 제언을 기술한다.

〈실습중간평가서 양식〉

실 습 중 간 평 가 서

* 본 평가서는 실습지침서를 참고하여 중간평가와 종결평가 내용을 실습생 본인이 작성합니다. 서술양식으로 작성한 뒤 실습지도자와 평가회를 갖는 것이 좋습니다.

실습생명		기관명	
실습기관		실습지도자	
실습평가일		실습지도교수	

1. 실습목표와 관련된 실습내용 및 역할에 대한 평가
   1.1. 수행한 실습내용 및 역할의 요약
   1.2. 평가
   1.3. 앞으로의 계획

2. 실습에 임한 자세 및 노력

3. 실습을 통해 배운 점

4. 앞으로 더 필요한 지식과 기술

5. 실습에서 어려웠던 점

6. 기관 및 실습지도자에게 건의할 점

출처: 한국사회복지사협회(2010), 사회복지현장실습안내서.

〈실습중간평가서 예시〉

실 습 중 간 평 가 서

＊ 본 평가서는 실습지침서를 참고하여 중간평가와 종결평가 내용을 실습생 본인이 작성합니다. 서술양식으로 작성한 뒤 실습지도자와 평가회를 갖는 것이 좋습니다.

실습생명	서○○	기관명	○○장애인복지론
실습기관	2009년 7월 1일 ~ 31일	실습지도자	김○○
실습평가일	2009년 7월 17일	실습지도교수	박○○

1. 실습목표와 관련된 실습내용 및 역할에 대한 평가

1.1. 수행한 실습내용 및 역할의 요약

실습내용	역할 요약 및 평가
오리엔테이션	○○장애인복지관의 역사, 목표, 주요사업, 주요시설, 행정, 재정 등에 대해 알게 되었다. 특히 장애인복지관의 설립 배경과 역사, 그리고 발전 과정 등에 대한 부분도 상세히 알 수 있었다. 각 업무마다 담당 사회복지사 선생님이 나오셔서 설명을 했기 때문에 이해하기 쉽고 재미있었다.
자립능력 향상 프로그램	상담과 다양한 검사들을 통해 장애정도를 파악하고 어떤 프로그램을 통해 자립능력을 향상시킬 수 있도록 지원할 수 있는지를 이용자와 함께 파악하는 프로그램이다. 운동 · 지각능력 향상, 학습능력 향상, 사회적응능력 향상 등의 프로그램들이 구성되어 있는데, 이러한 프로그램을 전부 운영하려면 무척 다양한 기술과 지식이 갖춰져야 할 것 같다는 생각이 많이 들었다.
작업지원 프로그램	장애인 개개인의 장애종류와 정도에 맞게 직업활동을 할 수 있도록 지원하는 프로그램이다. 실제로 취업까지도 도와주는 전천후 과정이며 정말로 필요한 프로그램이라고 생각하지만, 실제로 얼마나 장애인의 구직에 도움을 줄 수 있을까 하는 생각도 들었다.
삶의 질 향상 프로그램	장애인 가정생활지원, 정보 · 문화 및 레포츠 활동 지원, 그리고 장애인식 개선 등에 관한 프로그램이다. 복지관 내의 여러 프로그램 중 많이 활성화된 프로그램이며, 개인적으로 이 프로그램이 가장 중요하고 더 발전되어야 한다는 생각이다. 특히 장애인 올림픽에도 출전하는 선수들이 실제로 이 복지관에도 있었는데, 정말 즐겁고 활기있어 보였다. 장애인에 대한 인식 개선을 위해 어떻게 해야 할까에 대해 토론하는 시간이 있었는데, 실습생들이 모두 열심히 자신의 생각들을 이야기하면서 우리나라 장애인복지에 대해서 고민해보는 유익한 기회였다.
지역사회복지 프로그램	지역주민에게 사회복지와 장애인복지에 대해 알리고 복지관의 사업을 홍보하여 지역사회와의 네트워크를 구축하는 프로그램이다. 어떻게 하면 홈페이지를 활성화하여 지역사회에 장애인복지관의 다양한 프로그램을 알려서 참여를 유도할 수 있는지에 대한 과제를 수행했었는데, 정말 생각보다 쉽지 않은 작업이었지만, 지역복지에 대해 깊이 체험해 볼 수 있는 시간이었다.
여름캠프 프로그램 계획	복지관에서는 해마다 장애아동들을 위한 여름캠프를 실시하고 있다. 올해에도 열리는 여름캠프를 위해 예년보다 좀 더 차별화되고 특화된 프로그램을 계획하기로 하고 실습생들도 계획안을 제출하였다. 일반 아동들과의 캠프가 아니기 때문에 특별히 신경 써야 할 부분들도 많았고, 캠프 활동을 정하는 데 있어서도 장애종류에 따라 정도에 따라, 그리고 참여 아동의 특성에 따라 고려해야 할 사항들이 정말로 많았다. 그래서 팀별 과제를 수행하는 데 있어서 여러 가지 의견들이 달라서 서로 합의하는 데에 시간이 많이 걸렸다. 복지관에서도 똑같은 고민을 하고 있었는데, 다 만족시킬 수는 없기 때문에 합의를 이끌어내는 것이 중요하다는 사실을 알았다.

1.2. 앞으로의 계획

실습이 시작되면서부터 장애인복지에 대해 너무나 준비 없이 실습을 시작했다는 생각이 들었다. 장애인의 특성도 잘 몰랐고 장애의 종류에 대해서도 제대로 알지 못한 자신을 발견하면서 너무나 부끄러운 생각이 들었다. 그래서 지금부터는 장애인에 대한 기초적인 지식부터 관련된 법령, 복지혜택 등에 관한 전문적인 정보들까지 좀 더 자세하게 수집하고 정리를 할 계획이다.

2. 실습에 임한 자세 및 노력

사회복지에 대해 강의만 들어오다가 막상 실천 현장에 나와 보니 여러 가지로 당황스러운 점들뿐이었다. 수업시간에 들었던 것과 현실은 많이 다를 거라고 예상은 했지만 직접 클라이언트를 만나고 프로그램에 참여하는 과정에서 내가 얼마나 소극적인 자세로 실습을 시작했는지를 알게 되었다. 특히 장애인복지에 대해서는 제대로 알지 못했고 몸이 불편한 사람을 좀처럼 대한 적이 없어서 클라이언트를 만났을 때 어떻게 대할지 몰라서 당황스러웠다. 다리가 심하게 불편하신 분을 복지관 셔틀버스까지 모셔다 드렸었는데 팔을 잡아 드려야 하는지 아니면 그냥 앞에서 안내만 해야 하는지도 잘 몰라서 우왕좌왕했었지만 오히려 그분이 가방만 들어주면 된다고 말씀해 주셨다. 그런데 버스까지 가는 내내 아무 말도 하지 못해서 너무 죄송하고 안타까웠다. 도대체 무슨 말을 해야 할지 몰라서 망설이다가 기회를 놓쳐버린 것이다. 클라이언트의 불편한 점을 미리 파악하고 또 마음도 편안하게 해주는 능력 있는 사회복지사가 되려면 준비해야할 것과 경험해야 할 것이 아주 많다는 걸 깨달았다. 처음에는 실습생이 하는 업무가 너무 간단하고 쉬운 거라 생각했지만, 간단하고 쉬운 업무 속에서도 클라이언트와의 관계형성을 잘 할 수 있는 기회들이 얼마든지 있었는데 나는 제대로 하지 못했다. 너무 머릿속으로 생각만 하다가 아무에게도 도움이 되지 못한 것이다. 내게는 좀 더 적극성이 필요하다는 생각이 들었다. 남은 실습기간 동안 적극적인 자세를 발휘하는 것이 나의 과제이다.

3. 실습을 통해 배운 점

실습과정에서 나는 내가 배운 것을 꼽으라고 하면 두 가지이다. 첫째는 사회복지, 특히 장애인복지는 너무너무 중요하며 해야 할 일이 아주 많은 분야라는 것이다. 우리나라의 장애인복지가 많이 발전해왔고 다양한 프로그램들이 마련된 것은 사실이지만 아직도 서비스를 받지 못하고 있는 취약계층이 많으며, 특히 장애인에 대한 사회적 편견이 크기 때문에 이 부분에 대해 많은 노력을 기울여야 한다. 그리고 두 번째로 사회복지사라는 직업의 소중함, 자부심 등에 대해서 느꼈다. 여기계시는 사회복지사 선생님들은 모두 과중한 업무에도 불구하고 늘 에너지가 넘치고 밝은 표정이라는 것이 인상 깊었다. 실습생이나 복지관 이용자가 무엇을 물어보아도 항상 진지하게 대해주셨고, 때로는 말도 안 되는 주장이나 항의를 하는 복지관 이용자에게도 넉넉한 마음 씀씀이를 보여주셨다. 그런 모습을 보면서 어떤 것이 저런 태도를 갖게 하는 것일까 하는 궁금증이 있었다. 자신의 일에 대한 자부심과 소명의식일거라는 생각을 하면서 내가 어떤 사회복지사가 되어야 하는지에 대해서도 많은 생각을 하게 했다.

4. 앞으로 더 필요한 지식과 기술

나는 내 자신이 클라이언트를 대하는 기술이 부족하다는 것을 알았다. 평소 약간 내성적인 성격이라는 것을 알고는 있었지만, 일대일로 사람을 대하는 것이 이렇게나 어려운 일인 줄은 몰랐다. 사회복지사를 직업으로 택하겠다는 사람이 클라이언트를 대하는 것에 부담을 느낀다는 것은 분명히 문제가 있다는 생각이다. 라포르를 형성하는 구체적인 방법과 의사소통하는 기술에 대해서 훈련이 필요하다. 특히 장애를 가진 사람들의 마음을 진심으로 이해하는 것, 그리고 그것을 어떻게 표현하는지에 대해서도 알아야 한다. 그리고 장애인과 관련하여 다양한 분야의 지식을 갖추어야 한다는 생각이다. 복지적 측면에 국한되어서는 정말로 필요한 서비스를 제공하기 어려울 때가 있다고 느꼈기 때문이다.

5. 실습에서 어려웠던 점

시간을 잘 분배해서 사용하는 것이 정말로 힘들었다. 복지관에 왔을 때 느꼈던 첫 인상은 정말로 바쁘고 분주하다는 것이다. 모든 사회복지사 선생님들이 아침부터 울려대는 전화를 받으면서 각자 맡은 업무를 처리하고 프로그램을 운영하고 복지관에 오시는 이용자들을 전부 상대해 드리면서 중간 중간에 회의도 하는 모습이 내게는 정말로 신기해 보였다. 그러나 모두들 그런 일이 익숙하신지 너무나 능숙하게 미소를 지으면서 여유 있게 처리하시면서 하루를 보내며 그런 하루가 늘 반복된다는 것이다. 하지만 나는 그런 일정에 따라가면서 실습과제를 수행하는 것이 너무 힘들었다. 학교처럼 쉬는 시간이나 공강시간이 있는 것도 아니고, 이일 했다가 저일 했다가 하는 것이, 이것도 저것도 마무리를 다 하지 못하는 것 같아서 너무 정신없고 힘들었다. 시간을 잘 분배해서 하루 일을 진행하는 것이 제일로 어려웠던 점이다.

6. 기관 및 실습지도자에게 건의할 점

장애인복지관에서 일하는 사회복지사 선생님들은 정말 업무량이 너무나 많다. 늘 일손이 부족하셔서 절절 매시는 모습을 보면 안타까울 때가 많다. 게다가 요즘에는 여름캠프 준비가 한창인데, 다른 일반인들과는 달리 장애인이다 보니 한 사람당 최소한 한 명, 경우에 따라서는 두 명의 자원봉사자들이 필요하다. 자원봉사자를 구하는 일이 정말 힘들기 때문인지 실습생들에게 자원봉사자의 역할을 요구하실 때가 많다. 물론 자원봉사자 경험도 소중하지만, 실습생은 준사회복지사로서 인턴의 과정이라고 생각하기 때문에 실습교육의 목적에 충실하게 해주시기를 바란다.

〈실습평가서 양식〉

실 습 평 가 서

* 본 평가서는 실습지침서를 참고하여 중간평가와 종결평가 내용을 실습생 본인이 작성합니다. 서술양식으로 작성한 뒤 실습지도자와 평가회를 갖는 것이 좋습니다.

실습생명		기관명	
실습기관		실습지도자	
실습평가일		실습지도교수	

1. 실습일정에 대한 평가

2. 실습내용 및 역할에 대한 평가

3. 실습목표에 대한 평가
   1) 구체적이고 적절한 목표 설정 여부
   2) 목표의 달성 여부

4. 서비스 실천과정에 대한 평가 / 정책 및 행정 실습에 대한 평가
   1) 문제 파악 및 자료 수집 능력 / 문제 인식 능력
   2) 문제 사정 능력 / 문제 분석 능력
   3) 개입 기술 / 문제해결을 위한 대안제시능력
   4) 면접 기술 / 기존지식과 정보의 사용능력
   5) 기록 기술 / 기록 기술
   6) 클라이언트와의 전문적인 관계 형성 / 유관 기관 및 관련된 사람들과 전문적인 관계 형성

5. 실습생의 자원 활용에 대한 평가(인적, 물적 자원)
   1) 기관 외의 자원 활용
   2) 실습과 관련된 참고서적의 활용

6. 실습에 임하는 자세에 대한 평가
   1) 업무관리
      (1) 시간 준수, 과제제출
      (2) 주어진 일에 대한 업무조절능력

출처: 한국사회복지사협회(2010), 사회복지현장실습안내서.

2) 직원과의 관계(실습지도자, 타 직원, 타 전문직 직원)
3) 다른 실습생과의 관계
4) 실습에 있어서의 적극성 및 자발성

7. 전문적 태도에 대한 평가

1) 사회복지사로서 실습생 자신의 장 · 단점에 대한 인식
2) 전문가로서 윤리 및 가치관의 이행

8. 실습지도 활용 정도에 대한 평가

1) 실습생 자신의 실습지도 활용 정도에 대한 평가
   (1) 기관 실습지도
   (2) 대학 실습지도
2) 실습지도 자체에 대한 평가
   (1) 기관 실습지도
   (2) 대학 실습지도

9. 기관 이해도에 대한 평가

1) 실습생의 과업과 관련된 기관의 목적, 정책, 행정 절차에 대한 이해
2) 실습생으로서의 기관 내의 권한과 한계에 대한 인식

10. 실습기간 중 가장 유익했던 내용

11. 실습기간 중 가장 안 좋았던 내용

12. 실습기관, 실습지도자, 대학에 대한 건의사항

13. 기타 하고 싶은 말

(4) 프로그램 개발

〈프로그램 계획서 양식〉

프로그램 계획서

프로그램명 :	지도자(실습생)명 :
대　　상 :	참여자수 :
기　　간 :	장　　소 :

1. 프로그램 실시 배경

2. 프로그램 목적

3. 프로그램 목표

결과목표 1		결과목표 2	
하위목표 1-1		하위목표 2-1	
하위목표 1-2		하위목표 2-2	

4. 프로그램 내용 및 구체적 수행방법

결과목표	하위목표	지도내용	수행방법	비　고

5. 평가계획

평가지표	
평가도구	
평가방법	

6. 프로그램 일정표

횟수	일시	프로그램 목표	내　용	준비물

7. 예산

출처: 한국사회복지사협회(2010), 사회복지현장실습안내서.

2. 실습 슈퍼비전

1) 실습 슈퍼비전의 개념과 기능

(1) 실습 슈퍼비전의 개념

카두신에 의하면 슈퍼비전(supervision)이란 말은 라틴어의 'super(over, 위에서)'와 'videre (watch 지켜보다)'의 합성어에서 유래하였다. 따라서 글자 그대로 정의하면 다른 사람이 하는 일에 대해 책임을 갖고 지켜보는 감독자의 일이라는 의미가 된다(김융일 · 양옥경, 2002). 사회복지 실천현장에서 실습 슈퍼비전의 개념도 결국 위의 개념과 동일하다고 볼 수 있다. 사회복지 실천에 관련된 지식과 기술, 경험을 고루 갖춘 실습지도자가 실습생에게 전문적인 사회복지의 지식과 실천기술을 교육하는 다양한 지도과정이 실습 슈퍼비전이다.

실습 슈퍼비전은 실습생들에게 실습과정을 통해 전문 사회복지사로서의 능력을 학습시키며 실천현장에서 사회복지의 가치와 지식과 기술을 효과적으로 전달할 수 있는 전문가를 양성하는 교육이다. 특히 학교에서 배운 이론적인 지식들이 실천현장에서 어떻게 활용되는가를 직접 경험할 수 있는 다양한 기회를 제공해야 한다. 이를 위해서는 실습생들이 수동적인 자세에서 벗어나 보다 능동적이며 적극적인 자세를 갖추도록 자극하는 실습환경이 구성되어야 한다. 양옥경 · 최소연 · 이기연(2007)은 바람직한 실습 슈퍼비전의 구성요소들을 다음과 같이 12가지로 정리하고 있다.

① 공식화

실습교육과 실습 슈퍼비전을 기관의 공식 업무로 지정한다. 한두 명의 직원이 개인적인 관심에 의해 실습교육을 시키는 형태로는 실습교육이 교육적 효과를 갖기 어렵다. 모든 원칙 중 가장 우선되는 원칙이다.

② **구조화**

시간, 유형 등 실습 슈퍼비전의 구조를 갖추어서 제공해야 한다.

③ **정규화**

정기적으로 슈퍼비전의 시간을 마련해 놓고 제공해야 한다.

④ **개별화**

실습생 각 개인의 학습욕구에 기초하여 제공해야 한다.

⑤ **맥락화**

실천과 실습전반의 맥락 안에서 이해할 수 있도록 지도해야 한다.

⑥ **성장중심화**

잘못한 점을 지적하기 위함이 아니라 잘한 것을 칭찬하고 잘할 수 있도록, 즉 전문직 안에서 전문가로 성장할 수 있도록 긍정적인 자극을 제공해야 한다.

⑦ **사례중심화**

가르치는 도구로 실제 사례를 사용해야한다. 유추, 설화, 비유나 실습 슈퍼바이저의 과거 경험이 아닌 실제 사례를 가지고 지도하는 것이 교육적 효과가 높다.

⑧ **일관성화**

이론, 기법, 윤리원칙 등을 적용함에 있어서 슈퍼비전의 과정 내내 일관성 있게 가르쳐야 한다.

⑨ **명확화**

비언어적 의사소통이 아닌, 언어를 사용하여 명확하고 분명한 의사소통으로 교류해야 교육의 효과를 낼 수 있다.

⑩ **상호작용화**

실습 슈퍼바이저는 일방적으로 제공하기만 하고 실습생은 수동적으로 받기만 하는 형태가 아니라, 서로 주고받는 상호관계를 맺는 슈퍼비전이 되어야 한다.

⑪ 평가기초화

평가에 의해 새로운 내용이 계속 보완되는 슈퍼비전이어야 한다. 긍정적 발전을 위한 평가를 거친 후에 평가에서 지적된 내용들이 반영된 변화가 있어야 한다.

⑫ 권위위계화

슈퍼바이저로서의 권위를 가져야한다. 실습 슈퍼바이저와 실습생의 관계는 교육을 제공하는 자와 받는 자의 관계인 위계의 관계라는 것을 분명히 해야 한다. 물론 실습생의 의견을 존중해야 하는 것은 필수적인 것이지만, 기본적으로 위계화를 갖춰야 하기 때문에 그 권위를 찾고 유지하기 위한 노력을 해야 한다.

(2) 실습 슈퍼비전의 기능

슈퍼비전의 기능을 분류함에 있어서 대부분 Kadushin(1992)이 구분한 행정적 · 교육적 · 지지적 기능, 이 세 가지를 따르고 있다.

◆ 행정적 기능

Smith(2005)는 슈퍼비전의 행정적 기능이란 실습생이 기관의 정책과 절차를 정확히 이해하고 자신의 업무를 적절하고 효율적으로 수행할 수 있도록 지원하는 것이라고 설명하였다(서홍란 · 이경아, 2008). 즉 실습생이 기관에 배치되어 실습교육을 받는 동안 일체의 모든 교육환경을 조성해 주는 것이며, 동시에 실습지도자가 실습생에게 업무를 할당하고 지도하며 평가하는 일련의 모든 과정 등이 실습 슈퍼비전의 행정적 기능이라고 할 수 있다.

◆ 교육적 기능

실습 슈퍼비전의 교육적 기능은 지식과 기술개발을 도모하며 실습생의 자질 향상과 자아의식을 높이는 데 초점을 둔다. 교육적 슈퍼비전의 궁극적 목표는 실습생의 무지함을 없애고 사회복지 실천기술을 향상시키는 것이다(서홍란 & 이경아, 2008). 즉, 실천현장에서 사용되는 여러 가지 지식과 기술은 물론, 실습생의 잠재적인 능력들을 개발하여 활용할 수 있도록 도와야 하며, 학습되어야 할 것들을 선택하고, 필요한 정보들을 그들의 능력과 상황에 맞도록 변형시키고, 새롭게 습득한 지식과 기술을 적절한 상황에 적용하도록 하는 것 등이 슈퍼비전의 교육적 기능에 포함된다.

이러한 교육적 기능을 위해 기관에서는 직원회의나, 개별 또는 집단 슈퍼비전, 비공식적 토론 등의 다양한 기회들을 활용하여 실습생의 능력을 향상시키는 데 노력해야 한다.

교육기능을 위한 슈퍼바이저의 활동은 김융일 · 양옥경(2002)은 다음과 같이 정리하고 있다.

- 개념이나 이론 또는 자료들을 발표하거나 토론하거나 설명한다.
- 정보를 제공하거나 기술을 가르치기 위해 주제강사를 초청한다.
- 실습생들이 발표하도록 계획한다.
- 새로운 활동, 기술, 행동들에 대하여 실습생을 지도한다.
- 논문, 저서 · 보고서, 연구물들을 공유하거나 회람한다.

◆ 지지적 기능

실습 슈퍼비전의 지지기능은 업무와 관련된 스트레스를 잘 적응하고 극복해가도록 돕는 책임을 말한다. 그러나 단순히 실습생을 격려하고 지지하는 차원에 머무르는 것이 아니라 효과적인 업무수행을 위해 필요한 정서적 에너지가 작동하도록 하고 심리적이고 대인관계적 자원을 제공하는 것을 의미한다. 이럴 경우 실습생은 과업수행을 강화하는 사기를 증진시키고 이를 방해하는 스트레스를 감소시킴으로서 업무수행에 있어 효과성을 증진시키는 효과를 가져온다(양옥경 · 최소연 · 이기연, 2007).

지지적 기능의 핵심은 결국 사회복지사의 사기충전과 직업에 대한 만족도를 향상시키는 것에 있는데, 특히 낯설고 익숙하지 않은 사회복지 실천현장에서 부딪히는 많은 어려움과 복잡한 대인관계 문제들로 인한 스트레스를 실습 슈퍼바이저가 이해하고 격려하며 해결책을 함께 찾아가는 과정에서 실습생들은 심리적인 지지를 얻을 수 있다. 때로는 이러한 정서적 지지가 실습교육을 끝까지 잘 마무리하게 해주는 원동력으로 작용하기도 한다.

(3) 슈퍼비전 스타일

슈퍼바이저들이 슈퍼비전을 제공하는 스타일은 저마다 다르겠지만 Carlton Munson(2001)은 크게 두 가지로 구분한다. 적극적 스타일(active style)과 반응적 스타일(reactive style)이다. 적극적 스타일은 질문에 초점을 두어 직접 질문을 하고 설명을 해주는 스타일이다. 문제에 집중하여 대안을 탐색하고 클라이언트의 역동을 중시하여 해결책을 찾는 것에 관심이 있다. 반면에 반응적 스타일은 직접 지도하지 않고 옆에서 보조하는 스타일로 일반적인 질문들로만 제한을 하며 답 또한 주지 않는다. 치료의 과정을 중시하고 상호작용과 관련된 문제들을 탐색하는 것에 초점을 둔다. 이 두 가지 스타일은 어느 것이 좋거나 나쁜 것이 없으며 개별 슈퍼바이저마다 자신에게 맞는 슈퍼비전 스타일을 찾는 것이 중요하다고 보는 것이다.

양옥경 · 최소연 · 이기연(2007)은 슈퍼비전의 스타일을 이론가 스타일, 철학가 스타일, 그리고 기술자 스타일로 구분해서 보았다. 이론가 스타일은 이론에 근거하여 사례에 접근하는 방식을 선호하며, 철학가 스타일은 삶의 방향을 제시하는 것처럼 다분히 추상적인 반응으로 슈퍼비전을 제공한다. 기술자 스타일은 철저하게 사례의 문제들을 다루며 기술적 기교에 연결시킨다. 즉, 이론가 스타일은 '왜' 그렇게 하는가를 강조하고 철학적 추상에서는 '무엇'을 할 것인가를 강조하지만 기술적 스타일에서는 '어떻게' 해야 하는가에 초점을 둔다. 여기에서도 마찬가지로 좋은 스타일과 나쁜 스타일의 문제가 아닌, 슈퍼바이저 자신에게 맞는 스타일을 찾아 그 스타일의 장점과 단점을 확인하고 발전시켜가는 것이 중요하다.

2) 실습기관의 실습 슈퍼바이저의 역할 및 업무

사회복지 실천현장에서 실습생들이 실습목표를 잘 달성하도록 지도하기 위해서는 체계적이며 전문적인 실습 슈퍼비전이 필요하며 이를 잘 감당할 수 있는 실습 슈퍼바이저로서의 자질을 갖추는 것도 중요하다. 능력 있는 슈퍼바이저는 동정심이 있고 지지를 제공하고, 융통성이 있으며, 지적이고 설명적이며 지도력이 있고 존경심이 있고 실천적인 것을 강조하고 슈퍼비전을 제공하는 것에 관심이 있다. 반면에 무능력한 실습 슈퍼바이저는 지나치게 엄격하고, 동정심이 적으며, 지지적이지 않고 지도력이 부족하며 교육능력이 없고 차이점을 인정하지 않으며 협력적이지 않고 평가와 약점 및 차이점을 중시한다(Kilminster & Jolly).

김융일(1988)은 슈퍼바이저의 기능과 역할과 업무과제에 대해 다음과 같이 정리하였다.

구 분	행정적 슈퍼비전	교육적 슈퍼비전	지지적 슈퍼비전
목 표	작업 배경 제공	업무능력 개선	업무만족감 지원
장애물	비합리적 조직	무지와 낮은 인지능력	정서 불안정
내 용	조직의 구조와 사회복지사의 업무를 도울 수 있는 기관 자원에의 접근법 제공	업무에 필요한 지식과 기술 제공	효과적으로 업무를 수행할 수 있도록 심리적 자원 제공
관심영역	효율적인 조직에 사회복지사를 연결시켜 사회복지사가 조직의 구조와 자원을 효율적으로 이용할 수 있도록 하는 것	지식과 기술의 향상을 통해 사회복지사의 효율성을 증대하는 것	업무수행을 방해하는 스트레스를 감소시키고 사기를 증진시켜 사회복지사의 효율성을 증대하는 것
사회복지사 모델	효율적으로 과제를 수행하는 사회복지사	자질 있고 능력 있는 사회복지사	공감적이고 이해심 많은 사회복지사
과 제	1. 직원의 채용과 선발 2. 직원의 임명과 배치 3. 업무계획 4. 업무할당 5. 업무위임 6. 업무모니터링(검토 및 평가) 7. 업무조절 8. 의사소통 촉진 9. 행정적 완충 10. 변화대행	1. 가르침 2. 학습촉진 3. 훈련 4. 경험과 지식공유 5. 정보제공 6. 명확화 7. 가이드제공 8. 사회복지사 원조 9. 전문적 성장 제고 10. 조언 · 제안 · 문제해결 원조	1. 스트레스 유발상황방지 2. 스트레스 해소 3. 스트레스 대처원조 4. 신뢰형성 5. 관점공유 6. 결정에 대한 책임공유 7. 성공 위한 기회제공 8. 동료를 통한 지지제공 9. 업무관련 긴장완화

이렇게 세 가지로 구분한 것 외에 다른 학자들이 언급한 몇 가지 역할과 기능들이 있지만 대부분 이 세 가지의 범주와 크게 다르지 않다. 이 외에 부수적인 실습 슈퍼바이저의 역할로는 다음과 같은 것들로 생각할 수 있다.

◆ 실습지도계획서 작성자

실습 슈퍼바이저는 실습기관에서 전체적인 실습 교육과정을 작성하는 역할을 맡고 있다. 어떤 분야에서 어떤 내용을 실습지도를 할 것인지, 일정과 장소, 실습과제 등등에 대한 일련의 교육 프로그램을 구성하게 된다. 뿐만 아니라 실습공고에서부터 실습생 선발과 배치, 그리고 실습 오리엔테이션의 업무도 실습지도자가 담당한다.

◆ 사회복지 실천지식의 전달자

실습 슈퍼바이저는 전문적인 이론 지식뿐만 아니라 다양한 경험을 통한 실천지식을 풍부하게 갖고 있는 전문가이다. 따라서 실습생들에게 실천현장에서 사용하고 있는 산 경험과 지식을 교육하게 되는데, 이른바 '실천적 지혜(practical wisdom)'를 전수해 주는 중요한 역할을 맡는다. 이것은 마치 장인만이 갖고 있는 비법이나 노하우를 전달해 주는 것으로써 학교에서는 배우기 힘든, 현장에서만 배울 수 있는 소중한 실천지식들이다. 실습 슈퍼바이저는 이러한 실천지식을 실습생에게 교육시키는 역할을 담당한다.

◆ 인간관계의 연결자

실습 슈퍼바이저는 실습생과 슈퍼바이저와의 관계뿐만 아니라 실습생들끼리의, 그리고 실습생과 클라이언트와의, 실습생과 기관의 다른 사회복지사와의 관계에서 일어나는 모든 문제들에 관여하고 조언하며 때로는 해결사의 역할까지 담당하게 된다. 이러한 인간관계 연결고리의 중간에서 실습 슈퍼바이저는 실습생에게 인간관계를 어떻게 맺고 풀어나가는지를 보여주는 모델이 된다. 이것은 실습 슈퍼바이저를 통해 도움을 주고자 하는 사람들과 도움을 받고자 하는 사람들이 교차하는 사회복지기관에서 자칫 서로 얽혀 버릴 수 있는 인간관계를 상호존중하는 자세로 화합과 질서를 유지하고 맺어나가는 방법을 배울 수 있기 때문이다.

〈실습지도계획서 양식〉

[기관2]

실 습 지 도 계 획 서

실습지도자 :

1. 실습목적 :
2. 실습목표 :
3. 실습분야 :
4. 실습기간 :
5. 실습대상 :

6. 교육계획

단위시간	내 용	담 당	비 고

7. 실습지도방법

– 개별실습지도계획 :
– 집단실습지도계획 :
– 기타 계획 :

8. 실습일정

주	월/일	시간	실습내용	담당	과제물

9. 실습생의 책임과 과제

10. 참고도서

출처: 한국사회복지사협회(2010). 사회복지현장실습안내서.

〈실습지도자 프로파일 양식〉

실습지도자 프로파일

1. 인적사항

성 명		성 별	
기관명/부서		직 책	
담당업무		전 화	
이메일		팩 스	
최종학력		최종학력의 전공	
사회복지사 1급 자격여부		실습지도자 자격여부	

2. 실습지도 및 실습분야 관련 주요 교육배경

교육명	주관단체	기간	수료/자격여부

3. 사회복지분야 근무경력

기관명	기간	직책	담당업무

4. 본인의 전공분야(현재 자신의 관심분야, 실천모델, 실천기술과 기법)

5. 실습지도자로서의 자신의 특성(강 · 약점)

6. 실습생에게 바라는 점

출처: 한국사회복지사협회(2010), 사회복지현장실습안내서.

〈실습지도기록서 양식〉

실 습 지 도 기 록 서

실습지도자 :
실　습　생 :

일　시	실습지도 내용	비　고

출처: 한국사회복지사협회(2010), 사회복지현장실습안내서.

3) 실습 슈퍼비전의 방법 및 활용 도구

(1) 개별 슈퍼비전

개별 슈퍼비전은 가장 기본적이며 전통적인 실습지도의 방법으로서 슈퍼바이저와 실습생의 일대일 관계로 이루어진다. 주로 실습생이 수행한 실습과제를 가지고 매일 또는 매주 몇 회씩 시간을 정해서 이루어지거나, 기관의 사정이나 슈퍼바이저의 스타일에 따라 비정기적으로 이루어지기도 한다. 이는 실습계획 시에 미리 실습생과 슈퍼바이저 간에 합의가 이루어져야 한다. 정기적인 경우에는 정해진 날짜에 맞춰 실습생이 미리 슈퍼비전을 받을 준비를 할 수 있기 때문이며 비정기적인 경우에는 언제 슈퍼비전이 있을지 모르기 때문에 항상 준비상태를 갖추어야 하기 때문이다. Mirean(2003)은 개별 슈퍼비전은 반드시 상호 간에 합의 하에 미리 정해진 시간에 정기적으로 이루어져야함을 강조한다. 슈퍼바이저나 슈퍼바이지 모두가 허둥지둥 대거나 혹은 방해가 되는 시간이 아니어야 하기 때문이다. 또한 슈퍼비전이 이루어지는 장소는 아무에게도 방해받지 않는 편안한 곳으로 정해야 할 것도 언급하고 있다.

개별 슈퍼비전을 통해 실습생은 자신의 업무 스타일을 확인할 수 있으며, 강점과 약점, 보완해야할 점 등에 대해 피드백을 받게 된다.

(2) 집단 슈퍼비전

집단 슈퍼비전은 실습생들이 집단으로 함께 실습 슈퍼비전을 받는 형식으로, 대개는 사례발표나 사례회의를 통해 이루어진다. 집단 슈퍼비전은 시간을 줄일 수 있다는 점과 다른 실습생들의 의견을 들을 수 있다는 장점을 가진다. 즉, 동료들끼리 줄 수 있는 슈퍼비전의 시간도 함께 가질 수 있는 기회이다. 실습지도자가 과거에 경험했던 것이나 다른 실습생의 생각과 경험을 함께 공유할 수 있기 때문에 가장 많이 활용되는 슈퍼비전의 유형이다. 그러나 개별적 욕구를 충분히 채워줄 수 없다는 점, 동료 실습생들 간에 경쟁의식을 유발할 수 있다는 점, 집단 내에서 일어날 수 있는 복잡한 상호작용 때문에 슈퍼비전의 효과가 떨어질 수 있다는 단점이 있다.

(3) 사례발표

사례발표는 사회복지 실천현장에서 매우 중요한 부분이다. 특히 클라이언트와의 만남을 처음으로 갖는 실습생들은 자신이 맡은 사례와 관련한 궁금증과 어려움이 많을 수밖에 없다. 사례발표 시간을 통해 실습 슈퍼바이저와 동료 실습생들로부터 다양한 아이디어를 제공받아 자신의 사례를 어떻게 관리하고 클라이언트에게 도움을 줄 수 있는지에 대한 방향을 잡을 수 있다.

(4) 강의

실습 슈퍼비전을 가장 쉽게 제공할 수 있는 방법 중의 하나가 바로 강의 형식이다. 실습과제와 관련된 사항들을 알려주거나, 기관의 프로그램과 관련된 지식 및 기술에 대한 교육을 강의 형식으로 실시하여 필요한 정보를 알려줄 수 있다. 예를 들어 지역사회 조사를 실습과제로 줄 경우, 지역사회의 욕구조사를 어떻게 실시하는지의 방법, 누구를 만나야 하며, 어디서부터 시작해야 하는지 등등에 대한 현실적인 내용들을 강의하는 것이다. 학교에서 이미 이론적으로 다루어진 내용이 아니라, 반드시 현장에 와서만 들을 수 있고 배울 수 있는 내용으로 강의 주제를 선정하여 실습과제의 수행에 도움을 주어야 한다.

슈퍼바이저가 실습생들에게 슈퍼비전을 제공할 때는 몇 가지 활용 도구들이 있다. Mirean(2003)은 슈퍼바이저가 슈퍼비전을 제공할 때 준비해야 할 도구들에 대하여 다음과 같이 제안한다.

- 사례기록서
- 문서로 작성된 설명서
- 오디오 또는 비디오 기록
- 실습생의 실천 세팅과 연관된 이슈들을 표현하는 역할극

4) 실습 슈퍼비전의 과정

(1) 실습 슈퍼비전 초기단계

실습 슈퍼비전의 초기단계는 슈퍼바이저와 실습생의 안정적인 실습지도 관계를 맺는 것을 목표로 한다. 이것은 마치 사회복지사가 클라이언트와의 첫 대면을 하는 것과 비슷한데, 관계를 어떻게 형성하는가에 따라 실습교육의 효과가 크게 달라질 수도 있기 때문에 초기단계에서는 관계형성을 잘 맺는 것이 매우 중요하다. 또한 실습지도자는 실습생이 가지고 있는 실습과정에 대한 두려움과 긴장감을 해소시키기 위해 정서적인 지지를 제공하는 것에 초점을 두어 편안한 마음으로 실습에 임할 수 있게 해야 한다.

실습을 막 시작한 실습생은 기관의 환경과 직원들이 모두 낯설고 어렵게 마련이다. 따라서 실습 슈퍼비전의 초기단계에서는 기관 환경에 익숙해 질 수 있는 기회를 제공하는 것이 필요하다. 기관의 사업비전과 목표, 분위기와 특성, 기타 내부 조직구조와 규칙 등을 알려주어 기관에 대한 이해를 도와야 한다. 그렇게 하기 위한 방법으로 실습생을 위해 직원과의 회식기회를 갖는다거나 전체 직원과의 미팅시간을 마련하는 것도 필요하다.

실습 슈퍼비전의 초기단계에서의 가장 중요한 것 중의 하나가 실습생과 합의하여 실습지도 계획서를 작성하는 것이다. 물론 이것은 실습지도자의 권한이긴 하지만 실습생과 합의하여 앞으로 어떤 방식으로 실습 슈퍼비전이 이루어질 것인지를 결정해야만 효과적인 실습 경험이 될 수 있다.

(2) 실습 슈퍼비전 중간단계

실습 중간단계가 되면 실습생과 슈퍼바이저와의 관계도 어느 정도 안정적인 단계에 이를 것이다. 뿐만 아니라 서로에 대해서도 처음보다는 많이 파악을 하여, 슈퍼바이저는 실습생의 강점, 부족한 점 등을 알 수 있으며 실습생은 슈퍼바이저의 실습지도 스타일이나 기타 사항 등에 대해 하고 싶은 말이 있을 수도 있다. 그리고 이러한 것이 실습과제를 수행하는 데 있어서 장애물이 될 수도 있다. 따라서 이 단계에서는 실습과제 수행의 장애물이 무엇인지를 파악하여 실습생이 지속적으로 실습에 임할 수 있도록 지도하는 것이 슈퍼비전의 목표가 되어야 한다. 클라이언트와의 관계에서 문제는 없는지, 과제수행에서의 어려움은 무엇인지, 동료 실습생이나 기관의 다른 사회복지사들과의 관계에서 문제는 없는지 등을 확인하고, 과제 달성의 정도를 평가하여 앞으로 실습 진행과정을 위해 필요한 사항들을 점검해야 한다. 이것은 실습 중간평가의 시간을 통해 시행하게 되는데 슈퍼바이저는 실습생에게 필요한 슈퍼비전을 제공하고 실습생은 피드백 받은 내용을 통해 자신이 보완해야할 점을 정리하여 자신의 실습과정에 반영해야한다. 슈퍼바이저는 또한 실습생들의 건의사항을 기관에 전달하여 대안을 모색하도록 해야 한다.

(3) 실습 슈퍼비전 종결단계

실습의 종결단계가 되면 그동안 수행했던 실습과제를 정리하고 기관에서 맡았던 여러 가지 업무들을 마무리해야 한다. 종결단계에서의 실습 슈퍼비전은 실습생들이 성공적으로 기관에서의 실습을 마무리할 수 있도록 도와주는 것에 초점을 둔다. 그동안 실습생이 수행했던 실습과제들을 체크하고 처음에 실습목표로 정했던 것들을 어느 정도 달성했는지를 평가한다. 또한 그동안 실습생들이 담당했던 사례들을 정리하고 클라이언트와 관련 자원봉사자 및 기관의 직원들과의 작별인사를 위한 시간도 가진다.

5) 실습과정에서 겪는 문제 상황들을 위한 슈퍼비전

실습과정에서 실습생들은 다양한 문제 상황들에 직면하게 된다. 스스로 해결할 수 있는 문제들도 있지만 슈퍼바이저의 실습지도가 있어야하는 문제들도 많다. 이러한 문제들은 실습생과 슈퍼바이저, 그리고 실습지도교수가 함께 풀어가야 한다.

(1) 실습과제 양과 난이도 문제

실습생이 겪는 가장 어려운 문제는 실습과제와 관련된 경우가 많다. 너무 많은 분량의 과제를 내주었거나 반대로 거의 과제를 내주지 않을 경우에는 실습생들이 의욕을 상실하거나 심한 스트레스를 받은 나머지 실습 자체가 부담스러워질 수 있다. 또한 실습생으로서는 감당하기 어려운 과제가 부여되었을 경우에도 포기해버릴 수 있다. 따라서 과제의 양과 난이도는 실습생의 능력에 맞춰 단계별로 구성하여 실습생이 도전하고 싶은 마음을 가질 수 있도록 격려해야 한다. 그리고 실습생은 실습과제와 관련한 문제에 부딪혔을 때에는 먼저 실습 슈퍼바이저와 의논을 해야 하며, 그렇게 하고나서도 해결되지 않을 경우에는 학교의 실습지도교수와 의논을 한다.

(2) 실습 업무 내용의 문제

실습생은 실습을 통해 전문적이고 다양한 사회복지 실천과정에 대해 배우기를 기대하며 실습을 시작한다. 그러나 막상 실습현장에 나가보면 기대했던 것과는 달리 단순 업무나 혹은 사회복지사를 보조하는 수준의 업무만 주어지는 경우가 많다. 실습생은 학교에서 배운 다양한 사회복지 전문지식과는 달리 너무나 간단하고 단순한 업무들에 지치고 실망한 나머지 사회복지사로서의 진로선택을 고민하거나 포기하는 경우가 생긴다. 이러한 경우, 실습지도자는 단순 업무도 사회복지사의 업무 중 필요하고 중요한 부분임을 설명하고, 실습생에게 부여된 단순 업무가 전체 실습량에서 너무 많은 부분을 차지하고 있지는 않은지 점검하고 조절해야 한다.

(3) 적절한 실습지도의 부재

사회복지 실천현장은 대부분 늘 바쁘고 과다한 업무량으로 정신없이 진행된다. 그래서 사회복지사들은 급한 일부터 먼저 처리하게 되며 종종 실습지도를 뒤로 미루는 경우도 생긴다. 하지만 실습기관은 실습생의 교육에 대한 책임이 있기 때문에 실습생은 자신들의 교육받을 권리를 당당하게 요구할 수 있어야 한다. 실습기관도 실습생의 요구를 합당하게 받아들이고 반영해야한다. 실습지도자가 예상치 못한 일로 부재하게 될 경우에는 실습기관에서 다른 지도자로 대치하여 실습지도가 차질 없이 이루어지도록 해야 하며, 실습지도자가 바뀐 사실을 학교에 알려야 한다.

(4) 클라이언트와의 관계에서 오는 문제들

실습생이 기관에서 실습을 하면서 클라이언트를 만날 때, 실습생의 신분임을 밝히는 것과 관련된 문제에 대해서는 다양한 의견들이 있다. 클라이언트의 권익보호와 진실성 때문에 클라이언트에게 실습생 신분을 밝히는 것이 바람직하다는 의견을 주장하는 입장이 있다. 반면 클라이언트가 서비스의 전문성을 신뢰하지 못하는 문제 때문에 신분노출을 하지 않아야 한다는 입장이 있다. 이러한 문제들은 결국, 기관이 가진 서비스의 특수성과 기관 내부의 규정에 따라 정리가 될 것이다. 예를 들어, 미혼모 상담 기관에서 클라이언트에게 실습생의 신분을 밝히기로 한 경우에는, 집단으로 이루어지는 교육 프로그램이나 나들이, 병원 진료와 같은 프로그램에는 참여시키지만 미혼모와의 상담 업무와 관련된 실습에는 참여시키지 않는 것으로 규정할 수 있다. 이러한 경우는 클라이언트의 권익을 보호하면서 실습생의 교육 기회를 가능한 수용하기 위한 방법이라고 볼 수 있다.

(5) 실습생의 신상보호와 관련된 문제

실습생은 다양한 실습과제를 수행하면서 개인의 신상보호와 관련된 뜻하지 않은 어려움에 처할 수 있다. 클라이언트가 실습생의 연락처나 학력, 나이, 결혼여부 등과 같은 개인 정보를 궁금해 할 수 있는데 이때 실습생은 어떻게 처신해야 하는지 난감할 것이다. 클라이언트가 서비스의 전문성에 대한 신뢰와 관련하여 실습생의 개인정보를 알고자 한다면 슈퍼바이저와 의논하여 필요한 정도의 정보를 공개할 수도 있다. 그러나 사적인 관심 때문에 요구할 경우에는 실습생과 클라이언트의 관계가 전문적 관계만 가능할 뿐임을 인식시켜 주어야 한다. 그렇기 때문에 실습기관에서는 실습생의 이메일 주소나 핸드폰 번호와 같은 정보를 공개하는 것에 신중을 기해야 한다.

실습생은 개인의 안전을 위해 실습생에게 적대감을 보이거나 분노를 드러내는 클라이언트를 어떻게 대해야 하는지와 관련하여 실습기관의 규정이나 실제 대처방법을 숙지하는 것은 위험을 최소화하기 위해 반드시 준비해야 한다. 그리고 실습생은 자신의 능력을 벗어난 상황은 가급적 피해야하는 것이 전문적 지식이며 기술임을 알아야 한다(USC MSW Field Education Manual 2007-2008).

또한 실습생이 실습지도자를 비롯하여 클라이언트로부터 성희롱이나 폭언, 폭력 등을 당하지 않도록 실습기관에서는 항상 주의를 기울여야 한다. 특히 여자 실습생의 경우 혼자서 성인 남자 클라이언트를 만난다거나 집으로 방문을 한다거나 하는 위험발생 가능한 상황에 놓이지 않도록 해야 하며, 불미스러운 사태가 발생했을 때에는 실습지도교수에게 즉시 보고하여 대처방안을 찾아야 한다.

실습기관에서 진행하는 나들이나 캠프와 같은 야외행사에 참여할 때에도 실습생을 위한 안전보험에 가입을 해야 하며 이러한 사항에 대해 반드시 실습생과 실습지도교수에게 알려야 한다.

[참고문헌]

김융일 · 양옥경(2002). **사회복지 수퍼비전론**. 양서원.

김혜란 외(2006). **사회복지실천기술론**. 나남출판.

서미경(2005). **사회복지실천윤리**. 양서원.

서진환(2001). **사회복지 실습의 길잡이**. 학지사.

서홍란 · 이경아(2008). **사회복지 현장실습**. 공동체.

양옥경(1993). **사회복지 실천과 윤리**. 한울.

양옥경 외(2007). **사회복지 현장실습 슈퍼비전**. 양서원.

양옥경(2000). **사회복지실천론**. 나남출판.

이시연(2000). "사회복지전공 학부생 실습지도모델 개발에 관한 연구". 서울여자대학교 대학원 박사학위논문.

이필환 외(2001). **사회복지현장실습**. 학문사.

임상사회사업연구회(1999). **사회복지실천과 임상사회사업**. 학문사.

조휘일 · 김선희(2000). **사회복지 실습**. 양서원.

최선화(2008). **풀어쓴 사회복지 실천기술**. 공동체.

한국사회복지교육협의회(2005). **사회복지 현장실습 교과목 지침서 연구보고서**. 한국사회복지교육협의회.

한국사회복지사협회(2009). **사회복지현장실습(안)**. 한국사회복지협회.

Mirean Comelan(2003). Supervision and the Clinical social worker, *Clinical Social Work Vol.3*. N.2.

College of Social Work, University of South Carolina, USC MSW Field Education Manual 2007-2008.

S. M. Kilminster, B. C. Jolly(2000). Effective supervision in clinical setting, Medical Education, 2000 - ksu.edu.sa.

Alfred Kadushin(1992). What's Wrong, What's Right with Social Work Supervision *The Clinical Supervisor, Volume 10*. Issue 1 July 1992.

Carlton E. Munson(2001). *Hand Book of Clinical wupervision*. Routledge.

http://www.infed.org/biblio/functions_of_supervision.htm

한국사회복지사협회 http://www.welfare.net/

한국사회복지 협의회 http://kncsw.bokji.net/

[부록 1]

〈프로그램 평가서 양식〉

프로그램 평가서

프로그램명 :	지도자(실습생)명 :
대　　상 :	참여자수 :
기　　간 :	장　　소 :

1. 프로그램 목적 및 목표달성 평가

결과목표	하위목표	달성 정도	평가 근거	의의

2. 프로그램 과정 평가

1) 준비과정

2) 진행과정

3) 종결 및 정리과정

3. 프로그램 만족도 평가

4. 예산 평가

5. 추후 프로그램을 위한 제언

[부록 2]

〈사회복지정책 분석보고서 양식〉

사회복지정책 분석 보고서

분석자(실습생)명 :

정 책 명	
관련법규/지침	
주무부서	

1. 문제제기 및 분석목적

2. 분석한 정책의 주요 내용

3. 자료수집 및 분석방법

4. 분석결과 논의

 4.1. 정책목표 분석

 4.2. 정책이 추구하는 가치 분석

 4.3 급여대상 분석

 4.4 급여의 적절성 분석

 4.5 급여의 전달체계 분석

 4.6 재정 분석

5. 관련 정책과 관련한 주요 이해당사자의 입장 분석

6. 분석한 정책의 개선방향 및 전망

7. 총평

[부록 3]

〈사회행동, 옹호활동 보고서 양식〉

사회행동, 옹호활동 보고서

분석자(실습생)명 :

구 분	요약 제시
사회행동명	
활동목적	
참 여 자	
대상집단	
옹호대상	

1. 문제제기 및 활동목적

2. 참여자의 특성

3. 대상집단의 특성

4. 옹호집단의 특성

5. 주요활동 경과

6. 활동전략 분석
   6.1 대상 집단을 이기기 위한 힘을 얻기 위한 전략
   6.2 합법성을 확보하기 위한 전략(법적행동 포함)
   6.3 타 조직과 협력하는 전략
   6.4 전술을 연결시키는 전략
   6.5 협상을 전개하는 전략
   6.6 홍보 및 언론활용 전략

7. 향후 행동 전략 제안

[부록 3]

〈사회복지관 홍보 기획서 양식〉

사회복지관(사업) 홍보 기획서

기획자(실습생)명 :

1. 상품(홍보하려는 기관이나 사업)의 특성 분석
   (상품의 내용, 경쟁기관이나 사업의 존재 여부 등)

2. 유치하려는 소비자 집단의 특성별 구분

3. 대상별 소비자에게 호소하기 위한 전략
   (담당, 장소, 방법 등을 일목요연하고 자세하게 제시)

4. 홍보일정

5. 홍보예산

7. 첨부(보도자료, 광고전단, 안내지 자료, 홈페이지 자료 등)

CHAPTER 03

실습세미나

1. 실습보고서

실습보고서는 주 1회 제출하는 것을 원칙으로 하며 실습 프로그램 진행에 대한 자세한 계획을 문서로 작성하여 각 단계별 수행을 어떻게 할 것인지를 지도를 받는다. 서비스에 대한 지속적인 평가를 가능하게 해주며 프로그램에 대한 체계적인 검토, 평가 등을 할 수 있게 한다(김희성 · 나용선, 2008).

서식은 기관에서 제공하기도 하고 한국사회복지대학협의회에서 개발한 실습일지 양식 및 개별학교에서 제공하는 양식에 따라 작성할 수도 있다. 사례를 다루는 경우, 실습일지에 사례기록(case recording)을 첨부하도록 하면 평가에 도움이 된다. 그 외 실습보고서를 통하여 실습지도자와의 간접적인 의사소통 체계나 학습도구로서 활용될 수 있어 실습 시 갖게 되는 건의사항 또는 의문점에 대하여 질문한다. 이에 대해 실습지도자는 실습지도자 총평을 통해 실습생의 질문이나 배운 점 등에 대해 간단한 답변을 기록한다.

실습과제는 실습의 질을 결정하는 가장 중요한 부분으로 실습생의 학습욕구와 능력 및 실습기관의 특성을 고려하여 부여해야 한다. 또한 효과적인 실습과제의 수행을 통하여 실습생은 학습경험을 극대화하고, 기관에서는 훌륭한 인력지원 활용의 이익을 얻을 수 있도록 해야 한다. 어떠한 기관에서 어떠한 업무를 수행하든지, 실습생은 실습과제를 수행함에 있어 학교에서 습득한 지식과 기술을 종합적으로 활용하고, 이를 더욱 향상시키도록 해야 한다. 실습과제로 사회복지 프로그램의 개발과정에 참여하거나 특정대상을 위한 집단활동 프로그램을 독립적으로 개발할 때, 실습생은 프로그램의 계획과정과 사업진행에 따른 경과 및 결과 평가에 이르는 전 과정을 체계적인 진행방식에 따라 보고서로 작성해야 한다(오혜경 · 하지영, 2007).

2. 중간평가서

중간평가서는 실습의 중간시점에서 실습생이 그 동안 기관에서 수행한 실습업무에 대하여 평가를 하는 것이다. 중간평가서의 학습목표는 하나하나에 대해 상반기에 수행한 실습활동을 가지고 각 학습목표의 달성정도를 평가하고, 아울러 달성되지 못한 학습목표의 부분들에 대한 활동을 중심으로 하반기의 실습활동을 계획하는 것이다(김형모, 2004). 중간평가서는 학교의 실습지도교수에게 상반기 동안 실습생이 실습기관에서 수행한 전반적인 실습활동을 점검하는 도구로 활용될 수 있다. 실제로 실습일지만을 가지고는 실습생의 전반적인 실습활동이라는 커다란 그림을 그리기가 어렵기 때문에, 중간평가서는 실습지도교수에게 실습생의 전반적인 실습활동에 대한 이해를 도모할 수 있다. 중간평가서는 기관의 양식이 있는 경우 그 양식을 사용하면 되고, 그렇지 않은 경우 본 매뉴얼의 양식을 사용하면 된다. 중간평가서에 포함되어야 할 기본적인 내용은 다음과 같다(김형모, 2004).

① 상반기에 수행한 실습내용

② 학습목표의 달성정도의 평가

③ 학습목표 달성을 위한 하반기 계획

④ 실습지도자에 대한 건의사항

평가서는 학교 실습세미나의 참고자료로 활용된다(김정진, 2004). 중간평가를 작성한 후 평가 내용을 슈퍼바이저와 구두로 함께 나누는 평가시간을 갖는 것이 좋다.

〈표 3-1〉 실습 중간평가서의 예

실 습 중 간 평 가 서

실습지도자 :
실습생 :

1. 기관의 실습목표와 관련한 자신의 실습목표의 성취정도

1) 수행한 실습내용 및 역할의 요약
2) 실습목표의 성취정도에 대한 평가
① 지역사회복지관의 흐름 및 프로그램을 파악한다.
② 사회복지사들의 역할을 이해한다.
③ 프로그램을 기획하고 실행해 본다.
④ 클라이언트와의 개별면접 및 개입전략에 사회사업적 지식을 활용한다.

2. 실습을 통해 배운 점 및 평가

1) 행정적인 면
2) 교육적인 면
① supervisor와 supervision에 대한 평가
② 실습프로그램에 대한 평가
③ case work에 대한 평가

3. 어려웠던 점

4. 남은 기간을 통해 배워야 할 점 또는 배우고 싶은 점

5. supervisor에게 바라는 점

3. 학습계획서

학습계획서는 실습 초기에 작성하는 문서로 학습계획서는 기관에서 제시하는 업무를 토대로 구체적이고 실천 가능한 목표의 설정으로부터 시작된다. 실습생과 실습지도자가 실습기간 내에 무엇을 어떻게 배워야 할 것인지에 관한 계획을 세우는 것이다. 따라서 또한 학습계획서는 실습생과 실습지도자가 함께 작성하여 상호 간의 책임성과 실습효과를 높일 수 있다. 학습계획서는 실습생이 실습을 통하여 어떠한 실습 경험을 가지기를 원하는지, 실습을 통하여 달성하고자 하는 목표가 무엇인지 실습 전 과정에서 비교 · 검토하는 기반을 제공하기 때문에 매우 중요하다. 학습계획서는 실습교육이 계획대로 진행되고 있는지 혹은 기관의 업무적인 일로 학습계획서에 따라서 실습이 제대로 이루어지지 않거나, 실습생들이 과제를 제대로 수행하지 못할 경우에 기관의 책임성과 실습생의 실습역할에 대한 책임성의 평가가 가능하기에 실습을 하는 데 평가의 도구로 활용이 가능하다(김정진, 2004).

〈표 3-2〉 사회복지전공 (학습)실습계획서 예 1

사회복지전공 (학습)실습계획서

1. 실습목적

사회복지전공 학생들로 하여금 지역사회복지관 실습을 통하여 이론을 실제에 적용함으로써 임상경험 및 전문적 사회사업 기술을 익히고 나아가 사회복지사로서의 자아인식이 향상되는 것을 목적으로 한다.

2. 실습목표

1) 사회복지관의 지역사회 내에서의 역할 및 프로그램을 파악한다.
2) 사회복지사들의 역할을 이해하고 정체성 확립 및 전문적 태도를 익힌다.
3) 프로그램을 기획하고 실행해 본다.
4) 클라이언트와의 개별면접 및 개입전략에 사회사업 지식을 활용한다.

3. 실습지도 개요

1) 기 간 : 학기 중 16회 /방학 중 4주
2) 장 소 : 봉천종합사회복지관 및 부설 복지상담소
3) 슈퍼바이저 : 허윤정 사회복지사(전체 및 재가복지)
양미선 사회복지사(장애인, 지역 복지)
4) 실습비 : 4만원

4. 실습내용

1) 집단 지도(Group work)
- 사회복지 공동모금회 사업 중 공동작업장 및 소모임 활동 등의 집단활동을 기획하고 지원한다.
- 아동, 청소년 프로그램을 계획하고 진행한다.(초등학교 대상 결식아동 방학 중 프로그램)
- 노인 집단상담 프로그램에 참여하여 보조 진행자의 역할을 수행한다.

2) 개별 상담(Case work)
- 실태조사를 바탕으로 담당C't에 대한 Case study 실시
- 개별 사례관리서 작성 및 자료수집

3) 실태 조사
- 조사미비 대상자 및 신규 등록자에 대한 면접조사 실시
- 지역 자원망 조사 및 연계망 작성

5. 교육 내용

실습 분야	배워야 할 점	과제물
※ 행정적인 면 1) 일정표에 따른 업무수행 2) 출근시간 엄수	1) 기관의 규칙에 따른 실무수행 태도 2) 기관의 다양한 사업 인식 3) 폭넓은 사회사업분야의 인식	기관의 사업정리 실습생 신상카드 자기분석
※ 교육적인 면 1) 개별지도 2) 집단지도 3) 실태조사	1) 기술 면접기술, 레코딩 기법, 기록분석, 평가 2) 지역사회 협력의 중요성 3) 사회복지사의 역할	Case study 실습일지
※ 평가적인 면 1) 실습지도 2) 중간평가 3) 종합평가	1) 사회사업기술의 향상 2) 평가의 중요성과 효율성 3) 자아인식 발달·전문적인 태도의 확립	중간평가서 종합평가서
※이론적인 면	1) 프로그램 기획서 작성 2) 사회복지관 행정서류 작성 3) 사례관리 4) 대상자별 특성의 이해 5) 후원 프로그램 기획	과제물 발표 독후감 제출 논문요약 제출

6. 실습일정

1) 전체일정

가. 전체 오리엔테이션 : 실습 첫날 오전 10시 / 2층 강당

시 간	내 용	담 당 자
10:00 - 10:30	서울YWCA 소개	관장님
10:30 - 11:00	각부 소개	각 부서 담당자
11:00 - 11:30	실습일정 소개	허윤정 사회복지사
11:30 - 12:00	기관 라운딩	양미선 사회복지사

나. 실습중간평가 : 실습중간일

시 간	내 용	담 당 자
3:00 - 3:40	각 분야별 진행사항 보고	각 실습생
3:40 - 4:00	Comment	담당자

다. 실습최종평가 : 실습 마지막 날

시 간	내 용	담 당 자
3:00 - 3:30	결과 평가 및 총평가서 작성	각 실습생
3:30 - 4:30	실습전체 평가 및 결과보고	허윤정 사회복지사
4:30 - 5:00	실습을 정리하며	관장님

라. 일별 내용

시 간	실 습 일 정
9:00 - 9:30	프로그램 준비(프로그램 점검)
9:30 - 10:00	하루 일정 및 업무 파악
10:00 - 12:00	프로그램 주진행 및 보조진행 대상자 실태조사 및 설문조사 행정교육
12:00 - 13:00	점심시간
13:00 - 16:30	프로그램 주 진행 및 보조진행 대상자 실태조사 행정교육
16:30 - 17:00	일지 작성 및 일과 평가

7. 실습생 준수사항

1) 각 실습보고서 및 일지는 담당자에게 제출한다.(기일엄수)

2) 실습 중 실습지를 이동하거나 무단으로 종료하지 않는다.

3) 무단으로 지각, 조퇴, 결석을 금한다.

4) 복장은 단정히 하며, 명찰은 필히 착용한다.

5) 실습 최종평가일까지 일지, 사례관리, 과제물, 중간최종평가서 등 복지관에 제출했던 내용을 담은 자료를 제출한다(제출자명 표시).

〈표 3-3〉 학습계약서 예 2

학 습 계 약

□ 실습지도회차 : ________회차(session)

□ 실 습 생 : ____________

□ 실습지도일시 : 20___년 ___월 ___일 ___요일

□ 실습지도시간 : ____________

1. 표적목적

연 번	표적목적	비고
1		
2		
3		

2. 과제선정

1) 표적목적①

구 분	과제내용	비고
과제1		
과제2		
과제3		

2) 표적목적②

구 분	과제내용	비고
과제1		
과제2		
과제3		

3) 표적목적③

구 분	과제내용	비고
과제1		
과제2		
과제3		

4. 기관 분석 보고서

기관 분석 보고서는 전체로서의 기관의 경계, 관계, 위계, 업무구분 등을 이해하는 기회를 갖고 외부적인 관점에서 서비스의 기능과 관련하여 기관의 구조를 효율적으로 분석할 수 있다. 또한 기관 내 체계적인 프로그램의 운영에 대한 이해를 함으로써 클라이언트에게 실제적인 서비스를 할 수 있으며, 잠재적인 자원을 발견하고 연결할 수 있다. 클라이언트에게는 기본적인 기관의 정책과 절차를 설명한다(김희성 · 나용선, 2008).

따라서 기관 분석 보고서는 실습기관의 전반에 대해 분석하는 보고서이다. 즉 기관의 역사, 목적, 정책, 주요사업 등에 대해 정리하고 실습생과 견해 및 느낌을 적는다. 기관 분석 보고서는 실습기관의 정책, 행정구조, 중점사업을 알고 실습에 임하면 기관에서 기대되는 사회복지사의 역할수행을 익히는 데 도움이 되므로 중간평가 이전에 작성하는 것이 좋다(김형모, 2004).

〈표 3-4〉 기관 분석

기 관 분 석

1. 기관의 역사
   1) 설립목적
   2) 설립자
   3) 설립당시의 사업
   4) 그동안의 사업 및 변화한 사업, 그 이유

2. 기관의 구조 및 조직체계

3. 기관의 예산 및 집행내역

4. 서비스 대상지역 현황

5. 현재의 사업내용 및 자원 현황

6. 현재 사업목표 및 특화사업

5. 실습일지

실습일지는 실습지에서 무슨 업무를 했는지 어떠한 경험을 했는지 기록함으로써 실습생 자신과 실습지도자, 실습지도교수 등이 학습목표를 성취하기 위한 구체적인 활동을 모니터 할 수 있다. 실습생 스스로가 자신의 업무 수행에 있어서 장점, 부족한 점을 인식하여 학습 경험 향상에 기여할 수 있으며 기관 업무 수행의 문제점을 지적하여 발전적인 기여를 할 수 있다. 또한 실습일지는 사회복지실습의 목표, 계획, 준비, 실시 등 하루단위로 일련의 상황에 대한 고찰 및 평가를 기입하는 것이다. 하루의 목표를 세우고 이에 따라 실습하면서 관찰하고 체험했던 것과 느꼈던 것을 사실에 근거하여 빠짐없이 정확하게 기록하고, 실습생 의견란에는 배운 점, 의문점, 건의사항 등을 쓴다. 이는 슈퍼바이저와 중요한 의사소통 경로가 되므로 충실하게 기록하며 보통, 다음날 아침 슈퍼바이저에게 결재를 받는다(김정진, 2004).

〈표 3-5〉 실습일지 예

<table>
<tr><td colspan="2">2003년 월 일</td><td>실습생</td><td></td><td>담당자</td><td></td></tr>
<tr><td colspan="6">실습 장소 :</td></tr>
<tr><td rowspan="3">실습내용</td><td></td><td colspan="4"></td></tr>
<tr><td></td><td colspan="4"></td></tr>
<tr><td></td><td colspan="4"></td></tr>
<tr><td>실습소감</td><td colspan="5"></td></tr>
<tr><td>준비사항</td><td colspan="5"></td></tr>
<tr><td>supervision</td><td colspan="5"></td></tr>
</table>

6. 집단과정 기록지

집단과정 기록지는 집단 프로그램을 실행할 경우 집단과정에 대한 매우 자세한 기록양식으로 집단 진행과정 중 일어나는 모든 것을 기록한다. 이것은 실습생에게 집단 속의 자신의 역할과 집단 성원 간의 상호관계 그리고 집단 전체의 역동성을 파악하고 집단 성원 개인에 대한 이해를 높일 수 있는 기회를 제공한다. 또한 슈퍼바이저에게는 개개인과 집단 전체의 목표성취를 위해 집단 진행과정 중 실습생이 어떻게 기능하고 어떤 지도가 필요한지 파악할 수 있는 기회를 제공한다(홍순혜 외, 1997).

[사례 1]

영등포종합사회복지관[1)]

학교명/학과: 성결대 사회복지대학원
학번: 0000000
실습생: 김00

Ⅰ. 기관소개

1. 기관명 : 영등포종합사회복지관

2. 기관 주소

1) 소 재 지 : 서울시 영등포구 신길5동 440-56
2) 전　　화 : 02-845-5331 (FAX:02-845-8052)
3) 홈페이지 : http://www.kwf-ydp.or.kr

3. 설립목적

지역 내 주민의 삶이 질 향상을 목표로 지역사회문제를 해결하고 주민의 복지욕구를 충족시키기 위해 가족 · 재가 · 지역복지서비스를 제공하고, 가족기능 강화 및 주민 상호 연대감 조성을 통한 각종 지역사회문제를 예방 치료하는 매체로서 주민의 복지증진을 위한 종합적인 센터의 역할 수행을 위함.

4. 연혁

1975년	02월	영세민 집단 거주 지역인 서울시 관악구 봉천동 10년간 강남사회복지관 운영(초대관장 : 박상열)
1976년	09월	복지관 이전 (봉천사회복지관 개관)
1985년	08월	영등포구 신길5동 복지관 신축 이전 (지하1층, 지상2층)
1987년	07월	사회복지관 본관 건물 1층 증축
	09월	청소년 자립관 운영

1) 성결대학교 사회복지대학원 실습사례 발췌

1989년 03월 영등포종합사회복지관 별관 신축 (지하1층, 지상4층)
1992년 02월 복지관 부설 재가복지봉사센터 개소
1996년 12월 노인의 집 개소
1998년 04월 제2대 김정현 관장 취임
1999년 10월 제3대 박상열 관장 취임
2001년 04월 영등포정신장애인사회복귀시설 개소
09월 영등포임상사회복지센터 개소
11월 재 위탁 운영 체결
2002년 03월 자활사업 재활(알코올)프로그램 개설
07월 제4대 이만복 관장 취임
2003년 12월 영등포 아동 · 가족상담센터 개설
2004년 03월 우수프로그램 복지관 선정
10월 영등포 아동 · 가족상담센터 개소식
2004년 11월 재 위탁 운영 체결
2005년 12월 영등포복지관 20주년 개관식

5. 조직구조 및 조직현황

1) 조직구조

2) 조직현황

계 (명)	관장	사회복지직			상담 심리사	교정직 사회복지사	회계직	기능 교사	관리인
		팀장	대리	사회복지사			회계		
43	1	3	5	8	1	1	1	22	1

6. 주요사업 및 프로그램

사업영역	단위사업	프로그램명
가족 기능 강화	가족관계증진	가정문제종합상담, 주민교양강좌(부모교육), 무료법률상담
	가족기능 보완	아동 · 청소년진로탐색프로그램, 결식아동심성계발프로그램, 학습부진아동지도, 아동선도교육, 방과후교실, 어린이날 행사, 결식아동지원프로그램, 유아보호
	가정문제 해결치료	한부모 · 조손세대가족기능강화프로그램, 아동 · 가족상담센터, 단비조기교실, 사회봉사명령지도, 교정사회사업, 학교사회사업, 가출청소년, 예방사업, 청소년약물남용예방사업, 아동학대예방사업, 미아찾기사업
	부양가족지원	장애인야유회, 장애아동부모간담회
지역 사회 보호	사례관리	사례관리, 요보호대상자 발굴
	급식서비스	결식아동 사랑의 도시락 지원사업, 노인무료급식, 노인 밑반찬 배달서비스, 노인 식사 배달서비스, 사랑의 빵 지원서비스, 사랑의 점심 나누기, 저소득가정 사랑의 도시락 지원서비스
	보건의료서비스	물리치료실서비스, 보건의료서비스, 병원동행 및 의료서비스
	경제적 지원	생계비지급, 장학금지급, 선의봉사실, 사랑의 리퀘스트지원
	일상생활지원	이미용서비스, 세탁서비스, 주거환경 개선서비스, 휠체어대여, 차량이송서비스
지역 사회 조직	정서서비스	가정봉사원 파견(말벗, 생활지도), 노인생신잔치, 노인위로잔치, 어버이날 꽃 달아드리기 행사, 효도관광, 노인 영정사진 만들어주기
	일시보호서비스	노인의집, 청소년 자립관
	지역자원개발	자원봉사자관리(모집, 교육, 배치, 상담, 간담회, 위안행사), 청소년집단활동(청소년자원봉사단), 결연후원자 개발 및 관리, 지역자원 등원, 실습생 지도
	주민조직화 및 교육	지역주민 문화활동, 빵빵모임, 시니어클럽
	복지네트워크구축	자문운영위원회, 사회복지전담공무원간담회
	주민복지증진사업	지역주민행사, 시설대여, 복지관홈페이지 운영, 프로그램 설명회, 복지사업홍보, 지역사회욕구조사
	자활지원	취업안내, 노인 일거리 마련사업, 청소년 직장체험활동, 자활업그레이드사업
교육 · 문화	아동	아동컴퓨터, 아동피아노, 아동영어, 초등수학, 아동미술, 글쓰기, 바둑
	청소년	청소년 컴퓨터, 중학영어, 중학수학
	성인	한식조리사, 중앙식조리사, 별미요리, 제과제빵, 요리특강, 성인컴퓨터, 성인피아노, 메이크업, 피부미용
	어르신	어르신 무료한글교실, 어르신 무료수학교실, 민요교실

Ⅱ. 실습내용

1. 실습기간 및 일정

1) 실습기간 : 2006년 6월 12일 - 7월 3일 (16일간)

2) 실습일정

일자	내용	담당자	시간
6/12(월)	• 기관장 인사말씀 • 자기소개 • 직원인사, 복지관 프로그램실 안내 • 재단 및 복지관사업 전반에 관한 OT • 실습생의 자세와 역할	최○○ 팀장	09:00~18:00
6/13(화)	• 가족기능강화사업 • 영등포아동 · 가족상담센터 • 홍보후원업무	최○○ 팀장	09:00~18:00
6/14(수)	• 사회복귀시설 OT • 생활훈련(주간재활서비스) • 홍보후원업무	최○○ 팀장	09:00~18:00
6/15(목)	• 학교사회사업 • 교정사회사업 • 홍보후원업무	최○○ 팀장	09:00~18:00
6/16(금)	• 재가복지서비스 • 재가복지봉사서비스 • 홍보후원업무	최○○ 팀장	09:00~18:00
6/19(월)	• 중간관리자교육 참석 • 효과적인 청취기법 • 의사소통 기술의 개발 • 태도를 이해하기	최○○ 팀장	09:00~18:00
6/20(화)	• 중간관리자교육 참석 • 감정을 나누기 • 다른 사람을 이해하기 • 삶의 활력을 불어 넣기 • 창의적 문제 해결 • 팀빌딩 전략	최○○ 팀장	09:00~18:00
6/21(수)	• 중간관리자교육 참석 • 동기의 힘 • 잠재능력의 실현	최○○ 팀장	09:00~18:00
6/22(목)	• 홍보후원업무	최○○ 팀장	09:00~18:00
6/23(금)	• 바자회 옷 분류하기 • 저금통 OT 및 저금통 수거	최○○ 팀장	09:00~18:00

6/26(월)	• 홍보후원업무 • 하안종합사회복지관 기관 방문	최○○ 팀장	09:00~18:00
6/27(화)	• 기관방문 소감 발표 • 재가복지프로그램 참여 • 홍보후원업무	최○○ 팀장	09:00~18:00
6/28(수)	• 사회복귀프로그램 OT • 홍보후원업무	최○○ 팀장	09:00~18:00
6/29(목)	• 직업재활사업 • 자활사업 사회적응프로그램 • 홍보후원업무	최○○ 팀장	09:00~18:00
6/30(금)	• 지역사회조직 · 보호 • 홍보후원업무	최○○ 팀장	09:00~18:00
7/3(월)	• 평가회	최○○ 팀장	09:00~18:00

3) 실습지도자 : 최○○ 팀장

2. 실습의 목표

1) 기관의 목표
(1) 사회복지사의 역할 및 지식 확대
(2) 사회복지현장에 대한 이해를 도모
(3) 전문적 자아인식의 발달을 도모

2) 실습생의 실습목표
(1) 사회복지사로서의 역할 및 사회복지에 대한 폭넓은 지식을 습득하여 클라이언트의 삶의 질 향상에 도움이 되도록 한다.

3. 주요 실습내용

– 기관에서 행해지고 있는 프로그램 중심으로 실습함.

4. 프로그램 내용 및 일정

일정	시간	내용	비고
2006. 6. 12. - 7. 3. (16일간)	09:00-18:00	실습지도자를 통한 복지관에서 운영되고 있는 프로그램 설명 및 실습	-

5. 실습에 대한 평가

1) 실습생 자신에 대한 평가
   (1) 전문사회복지이론 적용적인 측면
      – 사례관리를 토대로 가족기능강화 프로그램 참여
   (2) 전문사회복지사의 자질적인 측면
      – 사회복지사로서의 역할 및 사회복지 전반에 관한 폭넓은 지식을 가질 수 있었다.

2) 실습기관에 대한 평가(슈퍼비전에 대한 평가 포함)
   (1) 전문사회복지이론 적용 훈련 및 교육적인 측면
      – 사례관리 이론 강의 및 적용
   (2) 전문사회복지사 자질의 훈련 및 교육적인 측면
      – 이론 및 실무를 겸한 체계적인 교육 실시

Ⅲ. 실습사례

1. 사례의 일반적 사항

1) 사례개요

2004년 2월 복지관에 등록하여 2006년 6월 현재까지 복지관에서 사례관리하고 있으며, 각종 서비스를 받고 있는 부자세대이며 비수급자세대의 아동임.

2) 사례의뢰 경위

경제적 어려움, 돌봄의 부족(일상생활관리 부재) 등의 문제를 안고 있어 사례관리가 진행됨.

3) 의뢰목적

돌봄이 부족한 부자세대로 복지관의 프로그램 참여와 후원자와의 연결을 통한 물적, 경제적 및 자원봉사자의 가사지원이 필요함

4) 목표 및 기대효과
   (1) 사례에 대한 실습생의 목표
      – 일상생활관리, 즉 의복, 신체의 청결을 가르침
      – 복지관의 프로그램 참여로 스스로의 소중함을 깨닫게 함
   (2) 사례에 대한 기대효과
      – 사례관리를 통하여 의복, 신체, 가정 내의 청결을 가져옴

– 또래 친구들과의 어울림을 잘하도록 함

5) 슈퍼비전 내용 및 횟수
- – 35회의 과정을 기록함.
- – 기존에 관리하던 사례로 6월 실습기간동안 집중적으로 사례관리함.

2. Intake 내용

1) 클라이언트에 대한 일반적 사항

모와는 이혼한 부자가정으로 부와 초등학교 1년생인 여동생과 함께 생활하고 있다. 부는 카드빚이 많아 월수입의 대부분을 카드빚으로 상환하고 있어 경제적으로 어려움이 많음

2) 클라이언트의 개인력
- – ct는 초등학교 5학년으로 2001년 부모의 이혼 후, ct부와 동생과 함께 살고 있음. 신장염을 앓은 병력 있으나 현재 건강상태 양호함.
- – ct부가 일용직 일을 하여 ct가 동생을 돌보는 상황임. ct는 동생을 돌보는 일을 좋아하고 잘 챙겨주나 초등학교 5학년인 ct가 동생 돌보기, 가사일 등에는 어려움이 있음.

3) 클라이언트의 가족력

(1) 가족관계

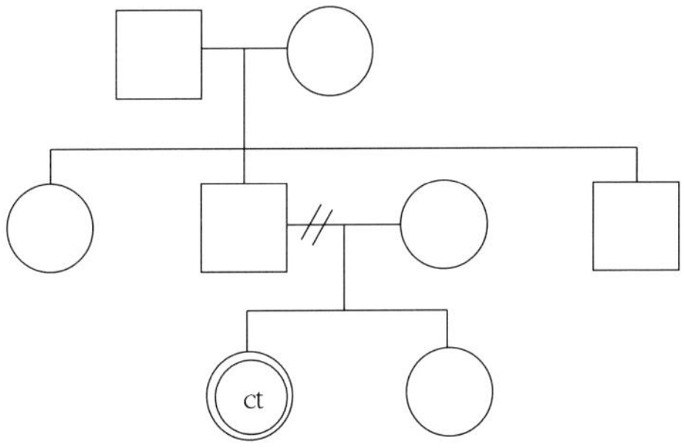

- – ct부는 경상남도 부산출생. 일용직에 종사하여 수입이 안정되지 않고 카드빚이 많아 생활하는데 어려움이 많음
- – ct모와 동거 1년 후 결혼, 성격차이로 2001년 이혼. ct모와는 연락 두절.
- – 초등학교 1년생인 여동생이 있음.

(2) 클라이언트의 주거환경 및 경제력
- – 보증금 500만 원, 월 20만 원
- – 2층, 방 2개, 주방, 실내화장실(욕조 無, 샤워기 有), 청소상태 불량
- – 근로소득(일정치 않음)은 생활비와 카드부채 상환에 지출

3. 문제사정(진단계획)

1) 체계의 분류
(1) 클라이언트체계 : 초등학교 5년생(여)
(2) 표적체계 : 초등학교 5학년생(여)
(3) 행동체계 : 사회복지사, 실습생, 프로그램 강사
(4) 변화매개체계 : 영등포종합사회복지관, 사회복지사, 실습생, 프로그램 강사

2) 문제들(problems)
– 신체적 : 청결하지 못함
– 심리사회적 : 또래 친구들과 어울리지 못함
– 경제적 : 부의 일용직 및 카드빚으로 경제적으로 어려운 상황

3) 강점들(strengths)
– 복지관 프로그램에 적극 참여하도록 함
– 또래 친구들과 어울리도록 함

4) 약점들(weaknesses)
– 신체의 불결함
– 성적부진 및 불결함으로 또래 친구들과의 어울리지 못함

5) 목표들(goals)
(1) 궁극적 목표
– 심리적 : 마음의 안정을 갖고 학교생활 하도록 도와줌
– 신체적 : 청결함을 유지하도록 함
– 경제적 : 결연후원자 연결
(2) 하위목표
① 초기단계목표(1회-11회) – 라포르 형성을 통한 정보수집
② 중간단계목표(12회-23회) – 프로그램 참여를 통한 자아의식 고취
③ 종결단계목표(24회-35회) – 프로그램 참여를 통한 자아의식 함양 및 후원자개발을 통한 경제적 어려움을 해소하고 또래 집단의 친구들과 어울릴 수 있도록 청결에 대해 인식하도록 지도함
– 학습지도를 통하여 학습부진을 해소하도록 노력함.

6) 계획에 대한 면접횟수 및 계획내용들(plans)
(1) 초기단계에 의한 계획
– 기존의 사례관리 파일 점검

- 라포르 형성

(2) 중간단계에 의한 계획

- 파일 점검을 통한 사례관리 계획 수립하여 클라이언트가 프로그램에 참여하도록 함

(3) 종결단계에 의한 계획

- 후원자개발을 통한 후원자연결하여 경제적 도움을 줌
- 청결의 필요성에 대한 인식을 갖도록 하여 또래 친구들과 잘 어울리도록 함
- 학습지도를 통한 학습의욕고취, 지속적인 학교수업참여 유도함.

4. 개입과정

1) 초기단계 개입과정

(1) 1차 개입

① 일시 : 2006년 1월 11일
② 장소 : 복지관 사무실
③ 개입목표 : 라포르 형성 및 정보수집
④ 개입내용 : 후원금 인출, 후원자 만남을 알리는 전화함
⑤ 실천이론적용 : 문제사정
⑥ 클라이언트의 변화내용 : 특별한 변화를 보이지 않음.
⑦ 실습생평가 : 지도에 대한 특별한 변화를 보이지 않음.
⑧ 슈퍼바이저 평가
⑨ 2차 개입에 대한 계획 : 방과 후 교실 프로그램 신청하기 위해 서류작성

(2) 2차 개입

① 일시 : 2006년 2월 24일
② 장소 : 복지관 사무실
③ 개입목표 : 라포르 형성
④ 개입내용 : 후원자의 편지전달 등 상담진행
⑤ 실천이론적용 : 정보수집
⑥ 클라이언트의 변화내용 : 특별히 변화된 내용이 없음
⑦ 실습생평가 : 프로그램에 참여하지 않음. 좀 더 주의 깊은 상담이 필요함
⑧ 슈퍼바이저 평가 :주의 깊은 상담이 필요함.
⑨ 3차 개입에 대한 계획 : 다른 프로그램인 몸짱맘짱 프로그램에 참여를 유도함

2) 중간단계 개입과정

(3) 3차 개입 - 4차 개입

① 일시 : 2006년 4월 3일
② 장소 : 복지관 사무실
③ 개입목표 : - 프로그램 참여를 통한 또래 집단과의 유대능력 강화

– 청결에 대한 필요성 인식 강화

④ 개입내용 : 방과 후 교실 참여로 학습부진 요소를 제거하고자 하였으며, 몸짱맘짱 프로그램을 통하여 또래 친구들과도 잘 어울릴 수 있도록 함.

⑤ 클라이언트의 변화내용 : 방과 후 교실 수업에 불참하여 진행하는 데 어려움이 많았으나 점차적으로 참여하는 횟수가 늘어남.

⑥ 실습생평가 : 프로그램에 참여도를 높이기 위해서는 클라이언트가 이해할 수 있는 설명이 필요함

3) 종결단계 개입과정

(4) 5차 개입 - 6차 개입

① 일시 : 2006년 5월 26일

② 장소 : 복지관 사무실

③ 개입목표 : – 프로그램 참여를 높여 또래 집단과의 유대능력 강화
– 학습부진의 저해요소를 제거하여 학습하는 데 어려움이 없도록 함
– 청결에 대한 필요성 인식 강화

④ 개입내용 : 방과 후 교실, 몸짱맘짱 프로그램을 통하여 또래 친구들과도 잘 어울릴 수 있도록 함.

⑤ 클라이언트의 변화내용 : 방과 후 교실 수업에 참하여 진행하는 데 어려움이 많았으나 점차적으로 참여하는 횟수가 늘어남.

⑥ 실습생평가 : 프로그램 참여도를 높이기 위해서는 클라이언트가 이해할 수 있는 설명이 필요함

5. 사례평가

1) 사례목표평가

돌봄이 부족한 부자가정의 세대이며 경제적, 물질적인 후원이 이루어지고 있음.

2) 사례의 각 체계변화에 대한 평가

(1) 개입과정의 평가

복지관을 통하여 도움을 받고 있는 케이스로 기존에 복지관 선생님으로 알고 있어서 프로그램 진행하는데 다소 어려움이 있었음.

(2) 목표의 평가

– 자원개발을 통한 후원자연결을 하여 경제적 어려움을 조금이나마 덜 수 있었다.
– 청결하도록 지도하고 또래 친구들과 잘 어울릴 수 있도록 함
– 학업에 흥미를 가져 학교생활에 재미를 느끼도록 함.

(3) 결과의 평가

– 외적으로 의복이나 외모가 눈에 띄게 청결해짐.
– 또래 친구들과도 어울리는데 어려움이 없어졌다고 함
– 학습부진이 다소 해소되고 학교적응력이 높아져 결석이 거의 없어짐.

3) 사례의 개입의 단계과정에서의 적용한 사회복지실천이론에 대한 평가
사례관리에 대한 이론 정립이 미숙한 상태에서 케이스 관리에 참여해 다소 어려움이 있었음.

4) 사례에 대한 슈퍼바이저의 평가
슈퍼바이저의 슈퍼비전을 통하여 상담기법 등을 좀 더 체계화하는 기회가 됨.

5) 실습생 자신이 본 사례의 전반적인 평가
전문사회복지사들을 통한 실습생지도로 학교에서 배운 이론을 현장에서 실습하는 좋은 기회가 됨. 또한 직접 사례를 접하면서 자신감이 생기고 ct가 외적으로 의복이나 외모가 눈에 띄게 청결해짐. 또한 또래 친구들과도 어울리는 데 어려움이 없어졌다고 함

6. 사례에 대한 종결이후의 사후계획

- 자원봉사자의 연결을 통한 집안 청소를 통한 청결함 유지
- 꾸준한 후원자개발 및 연결을 하여 경제적 지원을 함
- 신체 및 의복의 청결로 또래 친구들과 어울리도록 함.
- 학습도우미 연계를 통한 학습부진 해소와 학교생활에 만족하도록 함

상담일자	상담내용
200*-01-11	후원금 인출. ct1가 내관하여 후원금 20만 원을 인출함.
200*-01-23	후원금 인출. ct1이 내관하여 후원금 17만원을 인출함. 설을 맞아 ct부, ct1, ct2는 부산 친척집에 간다고 함. 후원금으로 차표를 살 것임.
200*-01-24	친척집 방문, 학습지도 2주간 못함. ct1가 전화함. 설을 맞아 친척집(부산)에 방문하여 31일에 돌아온다고 함. 학습지도를 2주간 못하게 됨.
200*-02-02	결식아동심성계발프로그램 경제교육 참석. ct1이 내관하여 결식아동심성계발프로그램 경제교육에 참석함. 200*.03.02까지 매주 목요일 15시에 참석 예정임.
200*-02-07	학교생활문제. ct1이 학습지도 위해 학습지도 선생님과 함께 내관함. 학습지도 선생님(우00씨 011-0000-0000)이 ct1가 학교생활에 어려움을 느끼는 것 같다며 상담함. ct1은 학교에 10시쯤 등교하기도 하며 아침잠 때문이라고 함. 청결문제로 친구들로부터 '바이러스'라고 불리며(몸에서 냄새가 난다며) 놀림을 받았음. ct1은 친구들이 싫다고 말함. 학업은 많이 뒤떨어져 있으며 수학의 경우 3학년 수준인데 곧 5학년이 될텐데 걱정이라 함.
200*-02-08	안부 확인. ct1에게 전화함.

	ct부가 받아 ct1을 바꿔 줌. 시간이 11:30이었는데 ct1은 아직 자고 있었음. 오늘 내관을 부탁하자 큰엄마(천00씨)와 이마트에 가기로 했다고 함. ct2는 가지 않음. 내일 결식아동프로그램 경제교육 참석 예정임.
200*-02-11	후원자 전화. ct1의 후원자 박00씨가 전화함. ct1의 생일이 2월 16일로 알고 있는데 양력인지 음력인지 궁금하다 함. 확인하여 양력임을 확인해 줌. 박00 후원자는 ct1의 생일선물을 준비하고자 함.
200*-02-16	후원자 만남 예정. ct1의 후원자 박00씨(010-000-0000)가 전화함. 후원자님이 ct1을 만나 직접 생일선물을 사 주고 싶어 함. 내일 3시에 복지관 내관하기로 함. ct1에게 전화함. 생일축하를 전하자 밝은 목소리로 고맙다고 함. 오늘 봄방학식을 했는데 학교에 가지 않았다고 함. 친구들이 성적표를 가져다주었음. 주의를 줌. 후원자님과의 만남을 전하자 흔쾌히 만나고 싶다고 함. 오늘 경제교육 참여하기로 함.
200*-03-14	ct1 학습지도, ct2 방과 후 교실. ct1, ct2가 내관함. ct1은 학습지도, ct2는 방과 후 교실에 참여함.
200*-03-17	ct2 학습지도 시작. ct2가 내관하여 학습지도 시작함. ct2는 지각함. ct1에게 전화하여 지각한 이유를 묻자 ct2의 병원비 1만 원을 잃어버려 찾느라 늦었다고 함. ct2에게 지각에 대해 주의를 줌.
200*-03-20	후원금 인출. ct1이 내관하여 후원금 17만 원을 인출함.
200*-03-23	ct2 방과 후 교실 출석. ct2가 방과 후 교실에 출석함. 담당자가 출석에 대해 칭찬해 주고 앞으로도 잘 출석하도록 격려함. ct1에게 ct2의 방과 후 교실과 학습지도를 챙겨주도록 부탁함.
200*-03-25	결식아동PGM 문화체험활동 참여. ct1, ct2가 결식아동PGM 문화체험활동(국립중앙박물관) 참여함.
200*-04-03	몸짱맘짱PGM 첫모임 참석. ct1, 박00 ct2가 몸짱맘짱PGM 첫모임에 참석함. 앞으로 월~금 15~17시 참석 예정임.
200*-04-06	학교 결석. ct1, ct2가 내관함. ct2가 편도선이 많이 부어 학교에 결석함. ct2는 방과후 교실에 가지 않겠다고 고집을 부렸으나 늦게 출석함.
200*-04-07	병원 진료, 학습지도 불참. ct부에게 집으로 전화함. ct2의 편도선이 많이 부어 병원에 데리고 간다고 함. 오늘 학습지도는 불참함. ct부에게 ct2의 학습지도가 매주 금요일 3시에 있음을 알림. ct부는 ct들의 학교결석이나 복지관 PGM(방과 후 교실, 학습지도 등) 불참에 대해 크게 걱정하지 않는

	듯함. ct1는 내관하여 몸짱맘짱PGM에 참여함. 이번 주 잘 참여하고 있음.
200*-04-10	ct1와 부와의 갈등. ct1이 내관함. ct1은 화가 난 상태에서 내관하여 담당자가 이유를 묻자 ct부와 말다툼을 했다고 함. ct1이 학교에 가지 않는 이유가 친구들이 놀리기 때문이라고 ct부에게 말하자, ct부는 무조건 '이젠 놀리지 않는다'며 학교에 가라고 했다고 함. ct1은 큰엄마(천00씨)는 이해하는 데 아빠는 자신을 이해해주지 못한다며 불만을 토로함. ct부와의 상담이 필요함.
200*-04-27	ct1와 ct2이 내관하여 결식아동프로그램의 일환으로 서울팝스오케스트라 공연 관람하였음. 공연 내내 즐거워하였으며 잘 참여하는 모습을 보임.
200*-04-28	ct1가 큰엄마라고 부르는 천00씨와 상담하였음. 천00(019-000-0000) 씨는 우리 복지관 민요교실에서 수업 듣고 있는 지역주민으로 오래전부터 ct1의 옆집에 살고 있어 잘 돌봐주는 관계라고 함. ct부와 같은 고향으로 성실한 자세로 생활하는 주가 어린 자녀들을 양육하면서 생활하는 것이 측은해 보여 ct들이 어렸을 때부터 옆에서 보살펴주고 있다고 함. ct2가 요즘 살이 많이 찌는데 그 원인이 부의 사랑이 부족하거나 잘 챙겨주지 못해 폭식을 해서 그런 것이 아닌지 물어봤음. 천00씨는 ct2가 갑자기 살이 많이 찐 것은 몇 달 전 ct2 팔이 골절되었을 때 자신이 병원을 데리고 다녔으며 보살폈는데, 너무 불쌍해서 좋아하는 패스트푸드나 고기를 많이 먹여서 갑자기 살이 찐 것 같다고 함.
200*-04-30	ct1내관하여 결식아동 장애체험 프로그램 참여함. 후원자에게 관심이 많은 편으로 감사편지를 쓰고 싶다고 하여 작성 후, 내관할 수 있도록 함.
200*-05-18	LG 사이언스홀 견학
200*-05-26	ct1, ct2 내관하여 생활상담 실시함. ct1은 6시에 기상하여 TV시청 후 아침을 먹지 않고 등교함. ct부는 새벽 5시경에 출근하며 아침을 잘 챙겨주지 못한다고 함. ct2가 중이염 때문에 병원에 가야 할 경우 ct1이 병원 동행을 해야 하기 때문에 학교를 결석하는 일이 종종 발생함. ct1는 책 읽는 것을 좋아하며 학교에서는 친구가 별로 없다고 이야기함. 반친구들이 자신을 바이러스라고 놀리는 경우가 종종 있는데 "왜 그렇게 부른다고 생각하니?"라고 담당자가 물어보니 이유는 모르겠다고 하면서도 잘 씻지 않아서 그런 것 같다고 함. 그런 상황이 발생할 경우 너무 짜증이 난다는 말을 하였음. 잘 씻도록(양치질 하루 3번, 손 자주 씻기, 머리 일주일에 2번 감기) 약속함. ct2는 유치원 생활을 재미있다고 하였으며 그 중 미술시간이 대화를 하는 도중에 다소 산만하여 진행이 잘 되지 않았음. ct1는 방과 후에 과외 프로그램으로 하는 것이 전혀 없어 복지관 수학교실을 신청하였으나, 대기상태임. comment: ct1의 경우 방과 후에 학습지원과 활동이 전혀 없어 시간을 효율적으로 보내지 못하고 있는 상황임. 복지관의 사회교육 프로그램으로 수학교실을 신청하였으나 대기상태로 대학생 자원봉사 연결을 통한 학습지도가 이루어질 수 있도록 계획함.
200*-05-27	어제 상담 후, ct1, ct2 목욕과 머리 감고 내관하였음. 약속 준수에 대한 칭찬 및 지지하였음. 학습지도 자원봉사자 연결을 통한 숙제지도 및 학습지도가 필요할 것으로 보여 학습지도 담당사회복지사에게 의뢰함.
200*-06-18	미술관 탐방 및 문화 체험 1박 2일 참석
200*-06-23	결식아동 부식 지원함. 찹쌀현미, 3분 카레, 짜장
200*-06-27	이화여대 국어국문과 4학년에 재학 중인 우00(011-0000-0000) 학생으로 매주 화요일 5시에 ct1과 ct2의 학습지도와 숙제지도를 해 주기로 함. ct에게 시간약속에 대해 알렸으며, 열심히 참여할 수 있도록 독려함.
200*-06-28	ct1은 학습지도 시간에 맞춰 복지관에 내관하지 않음. 집에 전화하였으며 부재중으로 연락이 되지 않았음. 우00 자원봉사자 내관하였으나, ct의 불참으로 학습지도 이루어지지 않았음.

[사례 2]

실습보고서[2)]

사회복지법인 KVO(한국국제봉사기구)
울산중구종합사회복지관

과　　목: 사회복지현장실습
학　　과: 사회복지학과
학　　번: 000000000
이　　름: 김○○
담당교수: 성○○ 교수님

Ⅰ. 기관 현황

1. **명칭**: 울산중구종합사회복지관

2. **법인의 소재지**: 울산광역시 중구 남외동 340번지 KVO(한국국제봉사기구: Korea International Volunteer Organization)
   홈페이지 주소: http://www.kvo.or.kr

3. **기관 소재지**: 울산광역시 중구 남외동 529-2번지

4. **기관 연락처**: 052)296-3161~2 / fax. 052)293-9819
   홈페이지 주소: www.jsbwelfare.or.kr

2) 경북대학교 사회복지학과 실습보고서 발췌

5. 기관 약도

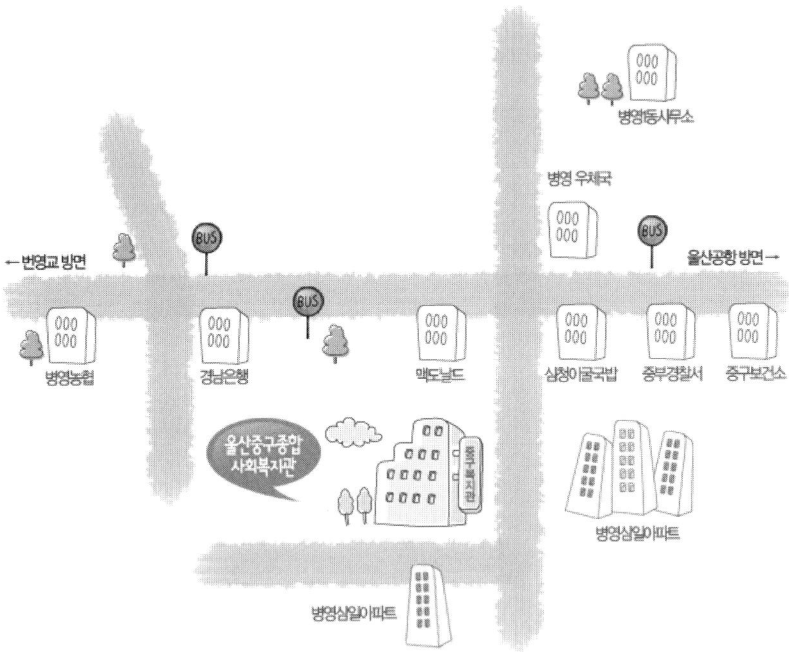

울산광역시 중구 남외동 529-2번지 TEL : 052) 296-3161 FAX : 052) 293-9819
노선버스: 101, 203, 204, 205, 225, 226, 246, 256, 266, 402, 412, 421, 432, 442, 452, 462, 472, 772, 942
승 용 차: 병영삼일아파트 단지로

6. 설립배경

울산중구종합사회복지관은 1998년 9월 울산광역시 중구로부터 위탁받아 삼일영구임대아파트에 들어선 시설로 사회복지 전문인력을 갖추고, 지역사회의 인적, 물적 자원을 동원하여 지역사회가 갖고 있는 문제와 지역주민의 욕구에 적절히 대처하기 위해 가족복지사업, 교육문화사업, 지역사회조직사업, 지역사회보호사업, 새터민 사업을 수행하고 있습니다. 그리고 지역주민들의 삶의 질 향상과 복지증진을 최고의 목적으로 삼고 있습니다.

7. 조직 및 직원 현황

1) 조직 구성

2007년 지원 조직도

2) 직원 현황

총계	관장	부장	과장	원장	팀장	선임 복시사	사회 복지사	간호 조무사	유아 교사	생활 지도원	사무원/ 경리	조리사
23	1	1	1	1	2	2	3	1	6	1	2	2

* 자격사항: 사회복지사자격소지자 12명, 보육교사10명, 특수아동지도사 1명, 조리사 2명

8. 주요 사업내용

1) 교육문화사업

경제적 이유 등으로 열악한 환경에서 학습하기 곤란하거나 학원 등 타 기관의 이용이 어려운 아동/청소년, 성인 등에 필요한 기능을 배우고 익힐 수 있도록 다양한 프로그램을 제공하는 사업을 말합니다.

〈세부 프로그램〉

구분	프로그램	시간	내용	대상	비고
아동 청소년 P/G	3학년 학습지도	월-금 오후 2:00~3:30	영어를 제외한 전 과목 학습지도	초등 3학년	월 35,000원
	4학년 학습지도	월-금 오후 3:30~5:00		초등 4학년	
	5학년 학습지도	월-금 오후 3:00~4:30		초등 5학년	
	6학년 학습지도	월-금 오후 4:30~6:00		초등 6학년	
	동화구연	매주 화 오후 3:00~4:00	창의력, 발표력 향상	유치부	월 20,000원
	종이접기	매주 1주, 3주 토 오후 2:00~3:00	창작 종이접기	초등부 유치부	재료비 10,000원
		매주 2주, 4주 토 오후 10:00~11:00			
	미술교실	매주 수 오후 4시~5시	재능발휘기능교실	초등부 유치부	월 20,000원
	점핑클레이	매주 월 오후 4시~5시	클레이를 이용한 다양한 작품 만들기	초등부 유치부	월 20,000원
	컴퓨터교실	월-금 오후 3:00~4:00	기초반 (윈도 · 한글기초)	초등학생	초등 월 25,000원 중 · 고등 월 30,000원 (교재별도)
		월-금 오후 4:00~5:00	초등 3급 (윈도 · 한글기초)	초등학생	
		월-금 오후 5:00~6:00	1·2급 워드 자격증반 (실기, 필기)	초등 · 중학생	
	아동영어교실	월 · 수 오후 3:00~4:00	단계별 영어학습	초등 2, 3, 4학년	월 25,000원
성인 P/G	에어로빅	월-금 오전 10:00~11:00	신나는 에어로빅 댄스	지역주민 누구나	월 35,000원
		월-금 오후			

		19:30~20:30			
무료컴퓨터교실	월 · 화	오후 6:30~8:30	성인컴퓨터 기초반		무료
일본어초급반	수 · 금	오후 1:00~2:30	일본어 기초학습		월 30,000원
일본어중급반	수 · 금	오후 12:00~1:30	일본어 중급과정 학습		월 30,000원
한지공예	매주 화	오전 10:00~12:00	한지를 이용한 생활용품 만들기		월 30,000원

– 국민기초생활보장 수급권자 이용료 감면(100%), 차상위 계층 및 장애인 이용료 감면(50%)

2) 가족복지사업

사회의 기초 단위인 가족문제의 치료와 사전 예방 프로그램을 통해 가족의 문제해결과 치료, 가족의 부양 부담 해소, 가족의 관계향상을 도모하기 위한 사업입니다.

〈세부 프로그램〉

세부사업명	사업내용
가족문제종합상담	가정 내 제반 문제에 대한 종합상담, 문제예방 및 해결에 도움을 주고 가정에서 발생할 수 있는 가족 내의 문제 등을 상담하며, 문제해결 및 사전예방의 역할을 한다.
개별 심리검사 및 상담	개인 인성 및 적성 검사
집단상담	약물남용예방, 청소년에 대한 이해, 성교육을 실시함으로써 가족 및 대인관계 능력 향상을 도모하고 가족 및 타인에 대한 이해를 증진함.
아동의 심리/사회적 성장 프로그램	아동상담, 아동안전교육, 성교육, 다도/예절교육 등 아동보호와 성장에 도움이 되는 프로그램을 실시함. 위기가정아동의 심리사회적 문제해결 및 예방/아동 자기보호 능력 증대
가족여행	저소득 및 위기가정의 임파워먼트를 위해 가족구성원 여행프로그램 지원·가족참여로 가족 간의 관계형성의 중요성을 인식하고 사회적 상호작용 기술을 향상시킴
행복한 교실	아동을 위한 열린 문화공간으로서 다양한 프로그램을 제공하여 건강한 성장을 도우며 교육을 통해 건강한 인성형성뿐만 아니라 간식과 식사를 제공하여 영양을 공급함으로써 건전한 아동으로 성장할 수 있도록 돕는 시설
반딧불이 교실	반딧불이 교실은 방과 후 야간에 보호자 없이 홀로 방임되는 저소득층 및 장애아동에 대한 보호 및 교육 서비스를 제공하여 요보호 아동의 야간안전과 건강한 성장을 돕고, 이를 위해 필요한 인력을 지역 내 저소득층을 통해 충원함으로써, 야간 요보호 아동 문제해결과 저소득층 일자리 창출의 효과를 거두고자 하는 데 그 목적이 있음

3) 지역사회보호사업

지역사회에 거주하는 요보호대상의 생활기능 향상과 복지증진을 위해 다양한 재가복지서비스를 제공하는 사업입니다.

– 재가복지봉사센터 운영
– 보건의료서비스
– 무료급식서비스
– 결연후원 연계 및 경제적 지원

〈재가복지봉사센터 2007년 사업내용〉

사업분류	세부사업명		사업내용
1. 대상자 선정/관리	신규대상자 선정		• 행정기관(동) 대상자명단 협조요청 • 가정방문을 통한 초기면접, 상담, 욕구파악 • 기타 추천/직접 신청
	대상자 정기관리		• 정기적으로 신상 및 근황 파악 • 대상자 관리카드의 작성유지 • 대상자 관리 상황의 전산입력
	사례관리		• 집중적인 보호관리 세대 관리 • 집중보호 세대 욕구해소 및 연계
	프로그램 평가/조사		• 재가대상 욕구파악 및 서비스 만족도 조사
2. 가사서비스	결식아동 급식지원	사랑의도시락서비스	• 전달대상자 선정 • 1일 석식/도시락 지원(결식아동 및 독거노인) • 조리/전달 봉사자 활용
		밑반찬전달서비스	• 주 1회 밑반찬 제공 • 대상자 선정 • 조리/전달 봉사자 활용
		간식지원서비스	• 결식아동 간식 지원
	부식지원		• 정기적으로 재가대상자들에게 부식을 전달하여 경제적인 부담 경감
	김장김치서비스		• 동절기 김장김치 지원
	이불세탁서비스		• 거동이 불편한 세대 이불세탁
	가사봉사서비스		• 청소 및 세탁, 가사일 돕기
3. 일상생활 지원서비스	외식서비스		• 음식점 후원을 통한 재가대상 외식기회 제공
	목욕서비스		• 목욕을 통한 위생관리
	안경지원서비스		• 안경이 필요한 세대 안경지원
4. 의료서비스	병원동행 및 진료		• 정기적인 병원동행 및 진료로 재가어르신 건강상태 체크
	무료건강검진		• 재가세대 대상으로 무료건강 검진
	성장수술		• 재가아동/청소년 포경수술
	안과진료		• 재가어르신의 정기적인 안구관리
	백내장 수술		• 백내장 수술이 필요한 어르신 무료 수술
	간병봉사서비스		• 거동이 불편하거나 입원 등으로 필요한 세대 간병인 파견

5. 정서서비스	가정방문 상담	• 정기적 대상 가정방문, 주요문제 및 욕구파악
	생일잔치	• 생일을 맞은 재가대상세대 선물지원
	졸업/입학 축하하기	• 교복지원 및 졸업식 참가 축하인사
	새학기지원사업	• 상급학교에 진학하는 재가청소년들 졸업축하, 입학 선물, 교복지원 등
	재가어르신봄나들이	• 봄맞이 인근 나들이
	경로잔치	• 어비이날을 맞이하여 경로잔치 개최
	명절음식 나누기	• 설/추석 명절 음식 전달
	동지 팥죽 나누기	• 절기행사를 통해 전통문화의 의미를 되새김
	아동/청소년 지지	• 재가 아동/청소년들 대상으로 문화체험 프로그램
6. 자립지원 서비스	난방유 지원	• 동절기 난방유 지원
	주거환경개선	• 도배, 장판 등 주거환경 개선
	저소득 전세금 지원	• 저소득 계층 전세금 지원
	물품지원	• 후원물품 지원
	소년소녀가장주거비 지원	• 관리비, 임대료 지원
	긴급경제 지원	• 생계비, 의료비 등 긴급 지원
	장학금 지원	• 재가아동 청소년 장학금 지원
	학습비 지원	• 재가청소년 학습비 지원
7. 결연사업	결연후원사업	• 후원자 발굴을 통한 결연 후원연결
8. 자원봉사자 후원자 통합 관리	자원봉사자모집/활동	• 정기적인 신규자원봉사자 모집
	자원봉사자간담회	• 효율적인 자원봉사활동을 위한 간담회 개최
	자원봉사자송년회	• 자원봉사 감사의 장 마련
	우수자원봉사자선정	• 우수자원봉사자 선정 포상
	생일축하문자	• 생일맞이한 자원봉사자 축하문자 발송
	자원봉사자 교육	• 자원봉사자 교육을 통한 소양교육
	자원봉사자 욕구/만족도 조사	• 자원봉사자 만족도 및 욕구 조사

4) 지역사회조직사업

지역사회조직사업은 주민이 스스로 지역사회 문제에 참여할 수 있도록 하기 위해 자원봉사자 양성 및 후원자 개발하고, 다양한 주민교육과 복지네트워크를 구축하여 주민복지증진하는 사업을 가리킵니다.

〈세부 프로그램〉

사업분류	세부사업명	사업내용
지역연계사업	사회복지관협회연계사업	자원봉사자교육, 임직원 워크숍, 정기회의, 송년회 등을 실시함
	노동부연계사업	청소년연수지원, 일자리창출사업을 실시
	법무부연계사업	징계청소년 봉사활동 지원연계
후원홍보사업	복지관 소식지	복지관 사업 및 소식을 지역주민에게 알림
	인터넷 홈페이지운영	홈페이지 운영을 통한 발 빠른 정보제공
	복지관 팸플릿	복지관 사업안내 및 홍보
	프로그램 홍보게시	지역게시판 및 언론 홍보
	사업보고서 발간	복지관 1년 사업 보고서 발간
	기타사업	감사 서신, 초대장, 후원영수증 등을 발송함
	사랑의 저금통	사랑의 저금통을 비치하여 수거함
	사업별 후원업체 개발 및 연계	복지관 사업별 후원 연계하여 사업진행
	후원자 개발 및 관리	릴레이 방식으로 후원자 월 20명 개발
자활사업	직장체험 프로그램	취업 준비생의 업무능력 향상을 위한 직장체험 활동을 실시함
	사회적 일자리 창출사업	실업난 해소를 위한 일자리 창출기회를 마련함
주민조직	지역주민 영화제	지역주민 조직을 위한 정기적으로 영화를 상영함
	지역주민 간담회	주민복지증진을 위한 간담회
	지역주민조사	지역주민 만족도 및 욕구조사, 보고서 등을 발간
교육 및 간담회	사회복지현장실습	사회복지현장 실무교육(하계/동계 방학)
	강사 간담회	강사 단합회, 간담회

5) 자활사업

자활사업은 일자리, 기술, 자금부족으로 일할 기회를 찾기 어려운 취약계층에 대해 정부, 기업 시민단체가 지역사회 내에서 고용기회를 제공하는 것을 말합니다.

– 직장체험 프로그램: 취업준비생의 업무능력 향상을 위한 직장 체험활동을 실시함

– 사회적 일자리 창출사업: 실업난 해소를 위한 일자리 창출기회를 마련함

6) 특화사업 – 새터민 지원사업

2007년 5월 현재 울산시 중구지역에 거주하고 있는 새터민의 수는 61명으로 울산지역 새터민 중 44.2%에 해당하는 숫자로 대부분이 중구복지관 근처에 살고 있습니다. 이들은 탈북과정에서 겪은 공포와 긴장, 스트레스, 차별로 인해 심리적으로 매우 위축되어 있는 상태이며 남 · 북한의 문화, 경제적 차이에서 오는 상대적 박탈감에 사로잡혀 있는 상태입니다. 따라서 본 기관에서는 새터민의 남한생활 정착에

도움을 주고자 아래와 같은 사업을 추진하고 있습니다.
- 자녀교육, 가족상담, 심리검사, 법률상담 등 전문상담시스템 구축, 운영
- 새터민 가정방문 및 사례관리 실시
- 새터민 자조집단 구성
- 새터민 긴급의료, 생계비지원(해당자에 한함)
- 지역주민이 함께 참여하여 명절 문화체험활동을 통한 상호협력 및 지역사회 통합 유도
- 지역 내 시민단체, NGO와의 연계로 통합적 서비스 제공
- 프로그램 활동보고서 제작

7) 부설센터-도담도담 주간보호센터

부득이한 사유로 가족의 보호를 받을 수 없는 심신이 허약한 어르신과 장애 어르신 등을 낮 동안 시설에서 보호하며 어르신의 기능회복을 도모함을 목적으로 하는 시설입니다
- 도담이란 : '건강하게 살아간다.'는 순수 우리말로 치료에서 벗어나 건강한 노후생활을 의미함.
- 이용대상 : 일상생활 및 사회적응에 어려움을 겪는 60세 이상의 경증 치매 어르신
- 운영시간 : 월~토요일 오전 9시부터 오후 6시까지
- 보호비용 : - 기초생활보장수급권자는 전액무료, 국가유공자는 20% 감면
  - 실비이용자 : 일일 5,000원 / 월 100,000원

〈시설현황〉

정　원	15명	직　원	3명
면　적	157.9(47평)	개소일자	1999. 03. 05
등록인원	15명	1일평균 이용인원	15명

〈제공되는 서비스 및 프로그램〉
- 의료재활서비스: 건강 체크 및 관리, 독감예방접종, 건강검진 등
- 정서재활서비스: 노래정서, 민요정서 등
- 교육재활서비스: 미술재활, 한지공예, 종이접기, 몬테소리
- 건강재활서비스: 단전호흡, 장수체조, 건강체조, 생활체조

8) 부설센터-해솔 주간보호센터

가정과 같은 시설에서 장애아동에게 다양한 재활교육을 실시함으로써 아동의 재활을 돕는다. 그리고 장애아동을 낮 시간 동안 보호함으로써 가족의 보호부담을 경감시켜 그 가족이 사회적, 경제적 활동을 할 수 있도록 돕는다.
- 해솔이란: '해처럼 밝고 소나무처럼 바르게'라는 순우리말
- 이용대상: 만 2세 이상 18세 이하의 정신지체 아동

– 운영시간: 월~토요일 오전 9시부터 오후 6시까지
– 보호비용: 종일반 – 5,000원(일별)/100,000원(월별), 반일반 – 3,000원(일별)/70,000원(월별)
※기초생활보장수급권자: 무료, 저소득층: 50% 감면 혜택

〈시설현황〉

정 원	15명	직 원	3명
면 적	67.02(20평)	개소일자	2001. 01. 01
등록인원	59명	1일평균 이용인원	12명

〈제공되는 서비스〉

– 기초재활훈련: 신변처리훈련(배변, 착 · 탈의, 세안), 감각통합훈련
– 심리재활 프로그램: 음악감상, 시청각 교육
– 교육재활 프로그램: 음악교실, 미술교실, 동화구연 등
– 의료재활: 의료기관(보건소)과 연계하여 각종 건강검진을 실시
– 특별사업 프로그램: 계절소풍(눈썰매장), 생일파티, 뮤지컬 관람 등

9) 부설센터-행복한 교실 지역아동센터

아동을 위한 열린 문화 공간으로서 다양한 프로그램을 제공하여 건강한 성장을 도우며, 교육을 통해 건강한 인성형성뿐만 아니라 간식과 식사를 제공하여 영양을 공급함으로써 건전한 아동으로 성장할 수 있도록 돕는 시설입니다

(1) 대상: 보호가 필요한 18세 미만의 아동
(2) 이용시간: 학기 중 월요일~금요일 오후 13:00~18:00
방학 중 오전 10:00~오후 18:00(중식 제공)
(3) 프로그램
– 보호 프로그램: 지역사회방치 · 방임아동보호, 급식, 의료지원 등
– 교육 프로그램: 생활교육, 아동인권교육, 사회적응력강화교육, 학습지도 등
– 문화 프로그램: 문화체험, 특기적성활동(미술, 음악, 체육, 공동체놀이), 견학, 캠프 등
– 복지 프로그램: 아동상담, 부모교육 및 가족상담, 결연후원 등

Ⅱ. 실습내용

1. 실습 일정표

(실습기간: 2008. 1. 14~2008. 2. 13)

날짜	실습내용		과제물
	오전	오후	
제1주차: 도담도담 주간보호센터 – 이숙청 사회복지사님			
1/14 (월)	기관 소개 및 기관 라운딩	– 일상생활훈련 보조 – 한글교실 보조	어르신 관찰일지 프로그램 작성
1/15 (화)	– 어르신들과 말 벗 하기 – 스트레칭 보조	– 건강체조 보조 – 오후 간식 보조	어르신 관찰일지 장기요양보험제도
1/16 (수)	– 어르신들과 말 벗 하기 – 풍선 놀이	– 교구놀이 참여 – 민요교실 참여	어르신 관찰일지
1/17 (목)	– 어르신들과 말 벗 하기 – 신문 읽어주기 참여 – 건강체조 보조	– 한글교실, 종이접기 참여 – 어르신 생신잔치 – 송영 서비스 보조	어르신 관찰일지
1/18 (금)	– 실습생 프로그램 진행 “아싸! 어르신과 신나는 율동을” & “신나는 겨울 운동회”	– 교구놀이, 색칠하기 참여 – 건강체조 참여 – 어르신들 노래 청취	어르신 관찰일지 프로그램 평가서
제2주차: 복지사업팀 – 김민경 복지사업 팀장님			
1/21 (월)	– U&I 학습유형 검사 – 중구 사회복지관련 OT	– 중구 사회복지관련 검색 – 마을지도 작성 답사	
1/22 (화)	– 공문서 작성 설명 – 공문서 작성 실습	– 프로그램 계획서 작성 – 마을지도 그리기	
1/23 (수)	– 자원봉사에 대한 설명 – 자원봉사 프로그램 작성	– 자원봉사 프로그램 발표 – 자원봉사 경험(팀장님)	
1/24 (목)	– 사례관리 설명 – 공부방 학습지도	– 교구놀이(공부방) – 학습지도(공부방)	
1/25 (금)	– 가계도 작성 – 실습생들과의 대화	– 생태도 작성 – 치매노인주간보호센터 방문	
제3주차: 해솔 주간보호센터 – 류진옥 사회복지사님			
1/28 (월)	기관 방문 (남구종합사회복지관)	– 장애아동 설명 – 동화책 읽어주기 참여	프로그램 계획서 장애아동 관찰일지
1/29 (화)	장애아동에 관한 이론 설명	미술활동 참여	장애아동 관찰일지
1/30	경주 눈썰매장 출발	경주 눈썰매장 이용 보조	장애아동 가족지원과 궁

(수)			정적 행동지원 장애아동 관찰일지
1/31 (목)	막대 인형극 실시(실습생) "누가 내 머리에 똥 쌌어"	미술 프로그램 실시(실습생) "반짝반짝 작은 별"	프로그램 평가서 제출 장애아동 관찰일지
2/1 (금)	남창 기봉요 출발	기봉요 도착(도자기 체험)	장애아동 관찰일지
제4주차: 재가복지팀 – 박세철 사회복지사님			
2/4 (월)	재가복지 OT	재가복지 설음식 준비	
2/5 (화)	설음식 담기	설음식 배달	
2/6 ~ 2/8	설 연휴		
제5주차: 재가복지팀 – 박세철 사회복지사님			
2/11 (월)	– 사랑의 도시락 비디오 시청 – 봉사자/관리자 worst/best	– 사례관리 이론 OT – 긴급출동 SOS비디오 시청	가정방문실습 소감문
2/12 (화)	– 사례관리 양식 작성법 – 가정방문 대상자 사전연락	– 사례관리 실습 가정방문 – 사례관리 실습 소감발표	사례관리 작성
2/13 (수)	– 사회복지시설 인터넷 검색	가정방문 사례 발표 및 회의 실습내용 총평가	

2. 실습내용

1) 교육

– 기관에 대한 이해: 사회복지법인 한국국제봉사기구(KVO)과 복지관 설립배경, 목적, 연혁 등

– 사업교육: 교육문화사업, 가족복지사업, 지역사회보호사업, 지역사회조직사업, 자활사업, 특화사업(새터민 지원사업), 기타 부설센터(도담도담 주간보호센터, 해솔 주간보호센터)

– 이론교육

① 공문서 작성: 프로그램 계획서 및 예산 내부 결제서 작성 방법 등

② 장애아동: 장애아동의 특징, 유형 및 유의할 사항

③ 치매어르신: 치매의 특성 및 종류, 응대할 때 주의사항

④ 재가복지: 재가복지의 정의, 재가복지봉사센터의 기능과 역할 및 현황

⑤ 사례관리: 사례관리의 등장배경, 정의, 필요성 및 실행요령

2) 프로그램 참가

① 도담도담 주간보호센터: 어르신 생신잔치, 민요교실 및 전통춤, 건강체조, 한글교실, 프로그램 작성

및 실행(아싸! 어르신과 신나는 율동을)

② 해솔 주간보호센터: 미술교실, 동화 구연, 눈썰매타기(경주월드), 봉기요(도자기 체험), 프로그램 작성 및 실행(막대 인형극)

③ 재가복지: 어르신 설음식 준비, 어르신 가정방문, 사례관리

④ 기타: 공부방 학습지도, 공문서 및 프로그램 계획서 작성

3) 조사활동 및 과제

① 어르신 관찰일지 작성

② 장애아동 관찰일지 작성

③ 마을 지도 그리기(팀별)

④ 프로그램 작성 및 실행(팀별)

- "아싸! 어르신과 신나는 율동을"(도담도담 주간보호센터)
- "누가 내 머리에 똥 쌌어!"(막대인형극: 해솔 주간보호센터)

⑤ 프로그램 평가서 작성

⑥ 장기요양보험제도 리포트(개별)

⑦ 장애아동 가족지원과 긍정적 행동지원 방안 리포트(개별)

⑧ 가정방문 실습 소감문(개별)

⑨ 사례관리 작성

Ⅲ. 실습 후 소감

사회복지를 배운 지 1년 만에 실습을 하게 되었는데 맨 먼저 실습을 어디서 해야 할지부터 정해야 했습니다. 그래서 여러 기관을 고려해 봤는데 그 중에서도 다양한 클라이언트를 접할 수 있는 종합복지관을 찾게 되었고 그 중에서도 집 근처에 있는 울산중구종합사회복지관을 선택하게 되었습니다.

사회복지실습을 본격적으로 하기 일주일 전에 Orientation(OT)시간을 가졌는데 그 자리에서 학교(부산대, 경상대, 대경대, 대구한의대 등)와 연령대(21살~40살)가 다양해서 약간 의외였습니다. 그러나 실습을 하는 도중 오히려 이러한 점이 더욱 좋은 점이라고 생각하게 되었습니다. 왜냐하면 학교가 다양해서 다른 학교에서 어떻게 사회복지교육이 이루어지고 있는지를 알 수 있었을 뿐만 아니라 연령이 다양해서 실습을 하는 도중 서로의 경험을 나눌 수 있었기 때문입니다. 그리고 처음에는 서로 약간 어색했지만 실습을 하는 가운데 여러 가지 활동을 같이 하게 되어 친근하게 지내게 되었습니다.

그리고 거기에 근무하시는 슈퍼바이저 및 일선 사회복지사 분들도 바쁘신 가운데 저희 실습생들에게 보다 많은 것을 알려주기 위해 노력하셨습니다. 그리고 일선 사회복지사님이 각자 1주일씩 돌아가면서 저희를 맡아주셔서 총 4분(이숙청 선생님, 김민경 팀장님–슈퍼바이저, 류진옥 선생님, 박세철 선생님)의 사회복지사님을 만났습니다. 그 중 가장 기억에 남는 분은 박세철 사회복지사님입니다. 왜냐하면 저희들에게 사회복지사의 역할 중 클라이언트가 필요로 하는 자원을 연결시켜 주는 '중개자' 역할을 강조하셨고 사회복지사가 이러한

역할을 못해 줄 때 그로 인해 클라이언트에게 중대한 피해를 입게 된다고 하시면서 사회복지사로서의 사명을 강조하셨기 때문입니다.

또한 실습을 통해 중구지역이 울산에서 가장 열악하고 많은 대상자를 지니고 있다는 것을 느꼈습니다. 특히 사례관리를 실습하기 위해 어르신 댁을 방문하였는데 오래된 집이 많았으며 어떤 집은 앞에 모래 공사장이 있어 많은 먼지가 날렸습니다. 따라서 이들을 위한 많은 지원이 필요로 하며 시로부터 많은 지원을 받아야 함을 느꼈습니다.

총 4주간의 실습을 통해 학교에서 이론적으로 배운 것이 어떻게 쓰이는지를 알게 되었고 실제 현장에서 더욱 유용하게 쓰여짐을 알 수 있었습니다. 그리고 실습기간 중에 다양한 대상자(노인, 장애인, 아동 등)를 접하게 되어 나에게 맞는 분야가 어느 것인지 알 수 있어 좋았습니다(개인적으로 노인분야가 맞는다고 생각함). 또한 실습기간 후에도 장기적으로 자원봉사경험을 통해 다양한 프로그램과 사례관리를 접하게 되어 현장에 나가서도 낯설지 않도록 하여야 되겠다고 생각하였습니다.

Ⅳ. 기관평가

1. 기관의 강점 및 약점

1) 강점

울산중구종합사회복지관 법인은 한국국제봉사기구(KVO)입니다. 상당수 법인이 기독교, 천주교, 불교와 같은 종교 법인인데 반해 한국국제봉사기구는 국가, 종교, 이념, 인종, 성별, 나이, 직업의 벽을 넘어 도움이 필요한 이들과 도움을 주는 이들이 함께 희망찬 인류의 미래를 창조하고 세계평화에 기여함을 목적으로 삼고 있습니다.

따라서 한국국제봉사기구는 특정한 종교나 성별 등에 관계없이 인류 공동의 터전 위에 가진 자와 못 가진 자 모두가 함께 모여 서로 돕고 위하며 존경과 포용하는 마음으로 희망찬 미래를 창조하는 데 주안점을 두고 있습니다.

그리고 울산의 대다수 지역이 주변에 새로운 아파트 지역이 들어서게 됨에 따라 클라이언트와 멀어지게 된 반면에, 울산중구종합사회복지관은 근처에 삼일아파트(영구임대주택)가 있을 뿐만 아니라 울산에서 가장 많은 기초생활수급권자를 지녀서 그 설립 취지를 유지하고 있다고 생각합니다.

2) 약점

울산중구종합사회복지관이 울산에서 가장 오래된 구인 중구에 위치한 유일한 종합사회복지관이라는 점입니다. 물론 울주군(3개)을 제외한 나머지 구가 각각 1개의 종합사회복지관을 가지고 있지만 중구는 인구 면에서 울산에서 2번째(약 18만 명)로 많이 차지하며 제일 많은 기초생활수급권자를 지니고 있다는 면에서 부족한 느낌이 듭니다. 그리고 위치상으로 볼 때 중구 끝 쪽에 위치하여 반대편 끝 쪽(다운동, 태화동)에서 오시는 분들이 왔다 갔다 하시는 데 불편합니다.

그리고 복지시설에 대한 재정지원이 구에서 상당히 이루어지고 있음에도 불구하고 울산종합사회복지관은 상대적으로 재정이 빈약한 중구지역에 위치하여 많은 재정지원을 받지 못하고 있습니다. 지금 현재 지자체에서 60%의 재정지원을 받고 나머지는 민간자원 개발(프로포절, 후원자 개발), 민간 인력개발(자원봉사자)을 통해 해결하고 있습니다.

2. 개별 평가 항목(75/90)

1) 기관의 설립 목적과 사업의 연계성(9/10)

종합복지관으로서 기관의 설립 목적에 맞게 저소득층계층 및 도움을 필요로 하는 지역주민들을 위해 다양한 서비스(베니어린이집, 행복한 교실, 가족지원 프로그램, 후원, 결연사업 등)를 제공하고 있습니다. 또한 영구임대아파트인 삼일아파트에 위치하여 그곳에서 많은 클라이언트가 중구종합복지관을 이용하고 있습니다.

또한 중구종합복지관이 제공하지 못하는 서비스가 있을 경우, 서비스를 받을 수 있도록 다른 복지기관을 연계시켜 줍니다.

2) 지역사회의 인지도, 홍보활동(9/10)

중구종합사회복지관은 중구 내에서 인지도가 높은 편이며 주변이야기, 홍보책자 발간 등을 통하여 주민들의 이용도 또한 높은 편입니다. 또한 지역사회 내의 자원봉사자와의 연계 및 소식지 발간 등을 통하여 인적 · 물질 자원을 활용하여 기관의 홍보활동에 힘쓰고 있습니다.

3) 기관의 위치, 접근성, 규모(7/10)

중구종합복지관은 중구 삼일아파트에 위치하여 저소득층이 주로 사는 아파트 지역주민들이 이용하기에 편리합니다. 하지만 중구종합복지관에서 멀리 떨어져 지내시는 분들은 이용하시기에 불편합니다. 그나마 울산에서 실시되고 있는 버스 무료 환승제도(1시간 이내 갈아탈 경우 무료 환승)와 버스 정류장 근처에 위치하여 접근하기에 덜 불편합니다.

규모는 '나'형으로 중간정도 규모이지만 필수적으로 해야 하는 사업과 그 외에 부수사업을 하기 때문에 많은 공간을 쓰지 못하고 있으며 비좁다는 느낌이 들었습니다.

4) 서비스의 질(8/10)

사회복지사뿐만 아니라 여러 다양한 구성원들(유아교사, 특수 아동교사, 간호조무사, 조리사 등)을 갖추고 있어 각각의 대상자 특성에 맞게 서비스를 제공해 줄 수 있어 좋았습니다. 그리고 사회복지사는 여러 대상자들을 편견 없이 대하시며 최선의 서비스를 제공하기 위해 끊임없이 노력하시는 모습을 보여주었습니다.

그러나 때때로 과중한 업무와 여러 업무가 겹칠 때 피곤한 모습을 보이시기도 했습니다. 물론 클라이언트 앞에서는 최선을 다하는 모습을 보이셨습니다.

5) 인적자원의 구성(8/10)

복지관 직원은 총 23명이며 이 가운데 사회복지사는 9명입니다. 9명이 국민기초생활수급권자 6,308명과 새터민 61명 등을 담당하고 있어 너무 과도한 편입니다. 따라서 업무 분담 과중으로 인하여 서비스의 질적 저하를 가져올 우려가 있고 신규대상자 관리에 어려움이 있습니다.

6) 조직 내 의사소통(9/10)
조직 내 의사소통은 같은 팀끼리 활발히 잘 이루어지며, 서로 간에 대화가 필요할 경우 팀 간에도 활발히 잘 이루어지고 있었습니다. 그리고 서로 간의 호칭에 있어서도 존칭을 써서 서로를 존중하고 있었습니다.

7) 업무처리의 효율성(8/10)
업무는 크게 복지사업팀, 재가시설팀, 후원사업팀(후원 · 결연 사업), 총무팀으로 나누어 맡고 있으며 재가시설팀이 주로 주간보호센터(해솔, 도담도담 센터)를 맡고 계시며 많은 인원을 가지고 있습니다. 그러나 그 외의 팀들은 대상자들에 비해 적은 인원을 가지고 있어 업무처리에 효율성이 떨어지는 것 같았습니다.

8) 슈퍼비전의 제공(8/10)
슈퍼바이저 분은 저희들에게 양질의 실습을 지도해 주셨고 저희들이 궁금해 하는 질문에 대해 성실히 응답해 주셔서 충분한 슈퍼비전을 제공해 주셨다고 생각합니다. 그러나 주로 프로그램별로 실습이 진행됨으로 인해 더욱 체계적인 슈퍼비전이 이루어지지 않아 아쉬움이 남습니다.

9) 실습 교육 커리큘럼(9/10)
실습 교육 커리큘럼은 대체로 이론과 실습을 병행하였는데 주로 실습을 많이 했습니다. 실습으로는 관찰일지 작성, 마을지도 그리기, 각종 리포트 작성(장기요양보험제도, 장애아동 가족지원과 긍정적 행동지원 방안), 공문서 및 프로그램 작성 등을 했는데, 실습생들이 직접적으로 참여한 프로그램들(막대 인형극–"누가 내 머리에 똥 쌌어")이 있어서 좋았습니다.
그리고 재가복지 실습과정에서 사례관리에 대해 배우고 직접 사례관리를 하게 돼서 좋았습니다.

3. 실습활동평가

<table>
<tr><td>학과: 사회복지학과</td><td colspan="2">학번: 2005017060</td><td>이름 : 김동윤</td></tr>
<tr><td>실습기관: 울산중구종합사회복지관</td><td colspan="2">실습기간: 2008. 1. 14 ~ 2. 13</td><td>총점 : 30 / 40</td></tr>
<tr><td colspan="4">〈〈 학 습 〉〉</td></tr>
<tr><td rowspan="5">1. 사회복지 실천의 이해도
"사회복지를 직접 실천하고 있는 현장에 대한 이해도를 높일 수 있었는가?"</td><td>⑤ 매우 그렇다.</td><td></td><td rowspan="5">이유: 실습 현장에서 여러 가지 프로그램에 참여하고 직접 프로그램을 작성/실행하면서 사회복지 실천현장을 이해할 수 있었다.</td></tr>
<tr><td>④ 그렇다.</td><td>○</td></tr>
<tr><td>③ 보통</td><td></td></tr>
<tr><td>② 그렇지 않다.</td><td></td></tr>
<tr><td>① 전혀 그렇지 않다.</td><td></td></tr>
<tr><td rowspan="2">2. 전문적 기술 학습 만족도
"이론학습과 달리 현장에서만 학습</td><td>⑤ 매우 그렇다.</td><td></td><td rowspan="2">이유: 재가복지 실습을 통해 현장에서 중시하는 사례관리에 대해 구체적으로 배울 수</td></tr>
<tr><td>④ 그렇다.</td><td>○</td></tr>
</table>

할 수 있는, 전문적 기술을 습득할 수 있었는가?"	③ 보통		있었고 클라이언트를 직접적으로 만날 수 있었다.
	② 그렇지 않다.		
	① 전혀 그렇지 않다.		
3. 주민 욕구에 대한 이해도 "서비스를 이용하는 클라이언트의 욕구를 실제로 파악할 수 있었는가?"	⑤ 매우 그렇다.		이유: 설음식 배달을 통해 몸이 불편하신 어르신들을 만나 뵐 수 있었고 그들을 위해 반찬서비스가 필요함을 느꼈다.
	④ 그렇다.	○	
	③ 보통		
	② 그렇지 않다.		
	① 전혀 그렇지 않다.		
〈〈 슈퍼바이저 · 기관 〉〉			
4. 기관 · 슈퍼바이저의 비전 공유 "기관 · 슈퍼바이저의 뚜렷한 비전과 방법론을 공유할 수 있었는가?"	⑤ 매우 그렇다.	○	이유: 여러 가지 실습과 이론교육을 통해 기관 · 슈퍼바이저의 뚜렷한 비전과 방법론을 알 수 있었고 공유할 수 있었다.
	④ 그렇다.		
	③ 보통		
	② 그렇지 않다.		
	① 전혀 그렇지 않다.		
5. 슈퍼바이저의 협조 정도 "담당 슈퍼바이저가 적절하게 개입하여 실습활동의 교육효과를 극대화하였는가?"	⑤ 매우 그렇다.		이유: 주로 실습교육이 실습담당 선생님들로부터 이루어졌고 슈퍼바이저분은 약간씩 도움을 주셨다.
	④ 그렇다.		
	③ 보통	○	
	② 그렇지 않다.		
	① 전혀 그렇지 않다.		
6. 기관의 협조 정도 "기관이 실습활동의 교육효과를 극대화하기 위하여 협조하였는가?"	⑤ 매우 그렇다.		이유: 각 실습과정별로 과제 및 프로그램 참여기회가 주어져서 교육효과를 극대화 하였다고 볼 수 있다.
	④ 그렇다.	○	
	③ 보통		
	② 그렇지 않다.		
	① 전혀 그렇지 않다.		
〈〈 만족 · 추천 〉〉			
7. 실습활동 내용 만족여부 "실습활동 내용에 대해서 전반적으로 만족하는가?"	⑤ 매우 그렇다.		이유: 여러 다양한 실습과정 및 과제를 경험하게 되어 충실한 실습을 받았던 것 같다. 그러나 내가 부족한 점에 대해 슈퍼비전을 제대로 받지 못한 것 같아 아쉬웠다.
	④ 그렇다.		
	③ 보통	○	
	② 그렇지 않다.		
	① 전혀 그렇지 않다.		
8. 실습활동 추천여부 "후배들에게 위 기관에서의 실습활동을 추천하는가?"	⑤ 매우 그렇다.		이유: 다양한 경험을 가지게 돼서 좋았지만 사회복지사분들이 너무 바쁘셔서 충분한 슈퍼비전을 받지 못한 것 같다.
	④ 그렇다.		
	③ 보통	○	
	② 그렇지 않다.		
	① 전혀 그렇지 않다.		

Ⅴ. 건의사항

1. 실습생

실습생들은 실습 전부터 자원봉사 경험을 통해 자신이 어느 분야에 관심이 있는지 파악하여 실습기관을 선정해야 하겠습니다. 그리고 실습기관이 정해진 다음에는 사회복지 소속법인에 대한 파악 및 사전 공부(사례관리 작성, 관찰일지 작성 등)를 통해 실습 사전준비를 하면 좋겠다고 생각합니다. 그리고 실습에 임할 때는 적극적인 자세로 임하고 궁금한 점에 대해서는 자주 질문하는 게 좋다고 생각합니다.

그리고 실습생들은 1급 자격증을 따기 위해 의무감으로 하기보다는 예비사회복지사로서의 마음가짐으로 실습에 성실히 임해야 한다고 생각합니다.

2. 학교

학교에서 이루어지는 오리엔테이션은 형식적이라는 느낌이 듭니다. 선배와 후배들 간에 멘토링(mentoring)을 조성하면 좋겠다고 생각합니다. 즉, 선배는 이전에 실습했던 경험을 후배들에게 전해주는 멘터 역할을 하고 후배는 선배들로부터 이전의 경험을 통하여 조언을 받는 멘티 역할을 하게 됩니다.

그리고 실습기관에 대한 자료들이 주로 대구 위주로 되어 있어서 다른 실습기관에 대한 자료들을 알아보고자 하는 경우에는 개별적으로 찾아보아야 하는데, 다른 지역의 기관에 대한 자료들이 많이 구축되었으면 좋겠습니다.

또한 실습에 필요한 사전교육-사례관리나 프로포절에 대한-을 2~3번 했으면 좋겠습니다.

3. 기관

실습일정이 실습기관의 임의대로 조정되지 않았으면 좋겠습니다. 제가 실습했던 기관은 본래 1월 초부터 하기로 계획되었으나 1월 중순부터 시작되어 실습이 늦게 끝나서 안 좋았습니다. 왜냐하면 실습기간이 수강신청기간과 겹치고 학기 시작과 가까웠기 때문입니다.

그리고 슈퍼바이저분이 저희 실습생들을 총괄하고 슈퍼비전을 해 주셔야 하는 데 실습기간 중에 출장 및 야외체험 행사 관계로 충분한 슈퍼비전을 해 주시기 못해 아쉬웠습니다. 따라서 업무조정으로 슈퍼바이저분이 실습생들에게 충분한 슈퍼비전을 할 수 있으면 좋겠습니다.

[사례 3]

작성양식

시설 및 기관명[3)]

실습생: ○○○, ○○○, ○○○

Ⅰ. 기관소개

1. **일반현황**(시설명, 소재지, 운영법인, 시설규모, 설립목적, 직원현황 등)
2. 주요사업 및 프로그램

Ⅱ. 실습일정 및 실습내용

1. 실습기간
2. 실습시간
3. 실습일정
4. 실습내용

Ⅲ. 실습사례

(사례관리, 개입사례, 프로포절 중 택 1-2/ 기관에 제출한 양식대로 제출하되 양이 많은 경우는 줄여서 제출할 것)

3) 호남대학교 사회복지학과 실습보고서 책자 원고양식 발췌

Ⅳ. 실습평가

1. 실습을 통해 배운 점 및 실습목표달성에 대한 평가
    1) 실습목표달성에 대한 평가
    2) 예비사회복지사로서 자기발전에 대한 평가
    3) 기관이해 및 인간관계에 대한 평가

2. 실습기관 및 지도자에 대한 평가

Ⅴ. 실습 후 소감

• 실습기관 사진과 실습 중 촬영한 사진이 있으면 첨부하세요!!
• 다음의 원고규정을 참고하여 편집하세요!!
• 보고서는 표지를 만들지 않도록 하며, 총 10장~15장 내로 작성하세요!!

〈원고 규정〉

1. 여백설정하기
    – "F7"키를 눌러 여백을 설정합니다.
    – 위, 아래쪽 : 각각 35
      좌, 우 : 각각 38
      머리말 : 5
      꼬리말 : 10
    – 나머지는 그대로 두고 "설정"을 누르세요.
2. 보고서에 들어가는 모든 사진과 표, 그림 등은 "글자처럼 취급"을 해주셔야 합니다.
   표와 그림, 사진 등은 여백을 넘지 않도록 크기를 조절해주세요.
3. 모든 글씨체는 "굴림"으로 통일합니다.
4. 글자크기
    – 제목 : 글자크기 20, 굵게 (예: "00종합사회복지관")
    – 이름 : 글자크기 11, 굵게 (예: "000")
    – 대제목 : 글자크기 15, 굵게 (예: " Ⅰ.")
    – 중간제목 : 글자크기 12, 굵게 (예: "1.")
    – 소제목 : 글자크기 11, 굵게 (예: "1)")
    – 일반글자 : 글자크기 10 (위의 사항을 제외한 일반글자)

[참고문헌]

강상준(2006). "기관의 실습지원체계가 실습지도자의 슈퍼비전 만족도에 미치는 영향". 가톨릭대학교 사회복지대학원 석사학위논문.

강홍구(2009). "사회복지실습 목표달성도에 영향을 미치는 요인에 관한 연구". **한국사회복지교육**, Vol. 9.

김선희 · 조휘일(2000). **사회복지실습**. 양서원.

김선화(2001). "사회복지실습 슈퍼비전 개선방안에 관한 연구". 서울여자대학교 대학원 석사학위논문.

김정진(2004). **사회복지 실습론**. 서현사.

김주리(1992). "사회사업실습에 대한 학생의 만족도 연구". 연세대학교 대학원 석사학위논문.

김태순 · 황혜원(2009). "사회복지현장실습이 사회복지전공학생들의 진로발달 및 전문직업 의식에 미치는 영향". **한국사회복지교육, Vol. 9.**

김형모(2004). **사회복지 실습매뉴얼**. 청목출판사.

김효선(2004). "현장실습경험이 사회복지 전문 직업의식에 미치는 영향에 관한 연구". 강남대학교 사회복지전문대학원 석사학위논문.

김희성 · 나용선(2008). **사회복지현장실습 매뉴얼**. 양서원.

류종훈(2005). **사회복지 현장실습 이론과 실제**. 청록출판사.

성민선(1995). "우리나라사회복지실습교육현황". **가톨릭대학교 성심교정논문집, Vol. 1.**

오혜경 · 하지영(2007). **사회복지현장실습 매뉴얼**. 양서원.

이팔환 · 김재완(2001). **사회복지실습**. 학문사.

정길홍 외(1988). **사회복지실습교육론**. 박인출판사.

조휘일(1999). "사회사업실습교육에 있어서 학습계약개념 적용에 관한 연구". **정진영 교수 정년퇴임 기념총론**.

한인영 · 박인선 · 김미옥(2002). **사회복지실습**. 이화여자대학교출판부.

홍순혜 외(1997). **사회사업기록**. 학문사.

경북대학교 사회복지학과 실습보고서 발췌(2008).

경원대학교 사회정책대학원 사회복지현장실습지침서 발췌자료(2008).

국제디지털대학교 입학홍보처.

나사렛대학교 사회복지현장실습지침서(2008).

배재대학교 복지신학과 사회복지현장실습지침서 발췌자료(2008).

숭실대학교 사회복지대학원 발췌자료(2008).

성결대학교 사회복지 대학원 실습사례 발췌(2006).

전북대학교 사회복지학과 사회복지현장실습지침서 발췌자료(2008).

충남대학교 평생교육원 발췌자료(2008).

태화기독교사회복지관 실습지도세칙(2008).

한국사회복지교육협의회(2006). 2006년도 사회복지학 교과목 지침서.

한국사회복지사협회 자료발췌. 사회복지사 자격제도 개선 토론회(김범수 · 허준수 · 이기영 · 최명민, 2006. 재인용).

호남대학교 사회복지학과 실습보고서 책자 원고양식 발췌(2008).

한림대학교 사회복지대학원 사회복지현장실습지침서 발췌자료(2008).

Millersvill University(2006). Field Instruction Manual.

CHAPTER 04

실습평가

사회복지에 있어서 실습의 의미는 대학 내에서 이루어졌던 다양한 학문 영역을 실천해 봄으로써 그 실제와 의미 그리고 한계를 경험하는 것이라 하겠다. 실습이 중요해지는 이유는 여러 가지가 있으나 무엇보다도 사회복지 분야가 응용학문이라는 점에 기인한다. 응용학문 혹은 응용과학이라는 성격이 의미하고 있듯이 우리는 사색이나 과학적 호기심 혹은 학문 자체의 논리가 요구하는 과제를 그 탐구의 대상으로 하기보다는 현실에서 발생되는 보다 구체적인 과제를 중심으로 씨름하게 되는 것이다.

이 장에서는 실습의 원론적이고 이론적인 내용을 배제하고 우리가 직면하는 보다 현실적인 실습에 대한 평가사항들을 논의함으로써 실습에서 요구하는 바를 얻도록 하겠다.

특히 이 장에서는 학생과 기관의 슈퍼바이저, 대학의 실습지도교수 등 3자의 만남에서 비롯되는 실습에 대한 평가과제를 보다 구체적인 차원에서 다루어 보기로 하겠다.

1. 실습평가의 개념과 필요성

인간은 삶의 전 과정에서 매우 다양한 형태로 평가를 한다. 우선 평가는 우리 일상생활에서도 깊숙이 작용한다. 음식의 맛을 놓고 이야기하든지, 교수의 강의에 대해서 견해를 주고받는 일이라든지, 텔레비전 프로그램에 대해서 선호도와 연기자의 연기력에 관해서 의견을 주고받는 등 일상화된 평가가 이루어지고 있다. 우리는 또한 학교의 성적, 직장에서 근무성적, 정부기관의 생산성과 공공성 등과 같은 공식적이고 조직적인 평가의 대상이 되거나 주체로 일을 하기도 한다.

실습평가도 마찬가지로 실습 운영 전반에 관한 가치의 판단이 이루어지는 활동으로 볼 수 있다. 실제로 사회복지 실습평가는 실습의 목적이 달성되었는지, 실습의 참여자인 학생이 실습을 통하여 어떠한 변화를 하였는지, 실습과정은 효과적이었는지 등과 같은 질문에 봉착하고 이러한 질문들에 적절한 해답을 구하기 위해서도 실습평가는 피할 수 없는 중요한 과제가 된다. 이러한 평가과업을 성공적으로 수행하기 위해서 실습에 참여한 학생과 기관의 슈퍼바이저, 대학의 실습지도교수 등 3자가 실습평가의 개념과 필요성을 올바로 인식하고 평가에 대한 기본자세를 갖추는 것이 무엇보다 필요하다.

1) 실습평가의 개념

평가에 대한 개념정의는 여러 학자들에 의해 다양하게 제시되어 왔다. Rutman(1984: 10)은 평가를 의사결정을 목적으로 사회과학적 조사방법을 사용하여 수행과정과 결과를 측정하는 일련의 절차로 정의한다. 한편 Patton(1986: 14)에 의하면, 평가란 특성 및 활동과 결과에 관한 체계적 정보수집을 통해서 불확실성을 제거하거나, 효과성을 증진시키거나, 진행상황과 파급효과에 관한 의사결정을 위한 것을 의미한다.

이상과 같은 평가의 정의를 종합해 보면 결국 실습평가는 '실습의 기획, 실행, 결과에 관한 자료를 과학적 절차와 방법을 통해서 수집, 분석하여 실습교육의 질적 향상과 개발에 관한 중요한 의사결정을 돕는 활동이라 정의 내릴 수 있을 것이다. 실습평가의 목적이 ① 실습의 궁극적인 성공여부 확인, ② 실습진행 상의 문제점 발견, ③ 실습교육 프로그램 및 개발에 필요한 정보제공 등으로 압축된다고 볼 수 있다. 실습평가의 정의와 개념을 보다 폭넓게 이해하기 위해서 다음과 같은 몇 가지 실습평가의 개념적 특성을 자세히 살펴볼 필요가 있다.

(1) 효과성 측정과 의사결정

사회복지 실습평가의 궁극적 목적은 실습 대상체계에 대한 개입의 효과가 어느 정도 실현되었는지를 알아보는데 있다. 실습평가를 통한 환류적 정보제공으로 실습 슈퍼바이저 및 실습지도 교수는 실습의 투입, 전환, 산출, 성과에 관한 중요한 의사결정을 위한 근거자료를 확보할 수 있고 궁극적으로 실습지도의 수정과 보완 및 축소와 확대 등과 같은 의사결정을 내릴 수 있다.

(2) 체계적 절차와 조사방법의 활용

평가를 위해서는 평가계획이 수립되고, 조사설계와 조사방법이 결정되며 자료수집과 분석이 일어나고 마침내 평가결과는 정리되어 보고된다. 이러한 절차가 체계적으로 이루어지기 때문에 실습평가는 본질적으로 사회조사의 방법을 일부 활용할 수밖에 없다.

(3) 조직과 지역사회의 정치사회적 과정

평가는 본질적으로 정치사회적 과정을 내포한다. 왜냐하면 누가 무엇을 평가하며 어떤 자료가 수집되고 그 결과를 어떻게 사용할 것인지에 관해서는 조직 내외적으로 갈등과 불일치가 일어날 수 있기 때문이다. 실습평가 자체에 대하여 부정적 구성원도 있으며, 평가는 기존업무의 범위를 넘어선 시간과 노력을 요구하기도 하고, 조직 외적으로부터의 평가는 이해관계 당사자들이 평가의 결과에 따라 실습지도의 중단 또는 확대와 같은 중대한 의사결정을 하기 때문이다. 실제로 실습평가는 본질적으로 비교분석을 내포함으로써 상대적으로 비용이 절감되면서 효과적인 실습은 존속되고 그렇지 못한 실습은 그 존립의 기반을 상실하는 방향으로 나아가야 한다.

2) 실습평가의 과학철학적 기반

사회복지 실습평가는 사회과학 또는 행동과학 조사방법 가운데 특수한 형태의 조사로서 인식론적 관점에서나 조사설계 및 방법의 차원에서도 독특한 철학적 기반 위에서 이루어져야 한다. Royse와 동료 학자들(2001: 21-25)이 제시한 평가의 과학철학적 가정을 살펴보면 실습평가의 성격을 더욱 잘 이해할 수 있을 것이다.

(1) 사실주의(realism)와 결정주의(determinism)

과학철학에서 사실주의적 전제란 실습참여 학생이 인지하고 지각하는 세상의 중요성을 부정하거나 그들이 자신의 삶과 인간관계에 부여하는 의미 자체를 거부하는 것은 아니다. 사실주의는 그러한 실습참여 학생의 삶에서도 주관적이기보다는 객관적으로 존재하는 사실만을 평가하는 데 초점을 둔다는 것이다. 결정주의 역시 어떤 현상을 유발하는 다양한 요인들을 부인하는 것이 아니라 그러한 요인들 가운데 과학적으로 관련성 있는 요인에 초점을 두어 조사를 한다는 뜻이다.

(2) 실증주의(positivism)와 경험주의(empiricism)

실증주의는 과학적 조사와 연구의 절차와 방법에 따라 밝혀진 사실을 진실로 받아들이는 과학 철학적 입장이다. 따라서 실습평가도 객관적이며 과학적 설계와 방법에 따라 이루어진 결과가 실제로 실습지도교육의 개선과 지식의 확충에 기여한다. 마찬가지로 경험주의 역시 과학적 조사와 절차에 따른 검증된 지식만이 진실에 가깝다는 입장을 보여준다.

(3) 조작주의(operationalism)와 실용주의(pragmatism)

조작주의는 경험주의에서 나온 원칙으로 과학적으로 입증 가능한 증거는 될 수 있는 한 많은 사람들이 신뢰하고 동의하기 때문에 다른 연구자나 평가자도 신뢰성을 보이면서 유사하게 사용할 수 있는 측정도구나 방법을 개발하여 사용하는 것이 중요하다는 것을 강조한다. 실용주의는 실습 평가와 관련해서 실제 실습참여 학생을 관찰하고 측정하는 것이 진정한 의미를 갖는 평가라고 역설한다.

3) 실습평가의 필요성

(1) 합리적 의사결정(decision making)을 인도하기 위해서

평가가 왜 필요한지에 관한 질문은 앞서 실습평가의 정의나 개념에서 어느 정도 유추될 수도 있겠지만 평가의 근본적 목적은 우선 실습지도에 관한 의사결정을 돕기 위한 것이라는 점은 매우 분명하다.

(2) 지식기반(knowledge base)을 확대하기 위해서

실습평가는 실습참여 학생들로 하여금 사회복지적 개입방법과 실천방법의 효과성을 확인하여 사회복지 실천에 관한 지식기반의 확충에 공헌한다. 따라서 실습지도방법이 비효과적이라는 증거가 평가를 통해서 밝혀졌다면 그 개입방법은 이론적으로나 방법적으로나 수정, 보완이 되어 보다 효과적 개입방법으로 발전되는 기회를 갖게 될 것이다.

(3) 책무성(accountability)을 입증하기 위해서

실습평가가 필요한 이유는 바로 책무성 확보를 위한 자료를 제공하며 실습지도가 참여 학생으로 하여금 만족스럽게 수행되고 있다는 증거, 즉 정당성의 근거가 되기 때문이다(Deschler, 1984).

2. 실습평가의 유형과 기준

1) 실습평가의 유형

사회복지 실습평가의 유형은 평가의 목적, 주체, 자료수집방법, 성과와 비용의 강조점 등에 따라 상호 구별된다. 평가의 목적에 따라 형성평가와 총괄평가로 나누어지고, 주체에 따라 내부와 외부평가, 자료수집의 방법에 따라 양적 평가와 질적 평가, 성과와 비용의 강조점에 따라 효과성 평가와 효율성 평가 등으로 나눌 수 있다.

여기서 각 평가유형의 특성과 장 · 단점을 비교해 보겠다.

(1) 형성평가와 총괄평가

형성평가(formative evaluation)는 실습운영 도중에 이루어지는 평가로서 실습수행과정에서 문제점들을 발견하여 실습수정 및 보완을 목적으로 이루어지는 실습평가이다. 따라서 형성이라는 용어의 의미에서 유추할 수 있듯이 형성평가는 실습을 만들어 나가는 뜻이 포함되어 실습의 개선과 개발에 초점을 둔다. 형성평가에서 평가자가 관심을 갖는 평가의 주요내용은 다음과 같다(성규탁, 1994).

- 실습은 원래 계획대로 운영과 활동이 이루어지고 있는가?
- 실습의 인적 · 물적 자원은 계획된 시점에서 투입되고 있는가?
- 실습의 표적 집단은 적절히 선정되어 서비스를 받고 있는가?
- 실습은 관련된 법규나 규정에 알맞게 수행되고 있는가?
- 실습의 효과는 발생되며, 발생되지 않은 문제는 무엇인가?

형성평가는 실습진행 도중에 일어나기 때문에 과정평가(process evaluation)라고도 하는 데 과정평가의 목적은 프로그램 과정을 서술하고 모니터링하면서 서비스의 질을 확보하는 데 있다(Rossi et al., 1997: 116). 따라서 형성평가에는 실습 모니터링(monitoring)과 서비스의 질 관리(quality assurance)를 위한 노력이 포함된다.

총괄평가(summative evaluation)는 실습이 종료되는 시점이나 완전히 종결된 이후 실습의 성과(outcomes)와 영향(impacts)을 파악하려는 목적으로 이루어지는 평가의 유형이다. 총괄평가는 실습의 대상이 되는 표적 집단에 어떤 변화가 일어났는지와 투입된 비용에 맞추어 그 성과는 정당화 될 수 있는지의 여부에 관심이 있다. 따라서 총괄평가는 효과성 평가(effectiveness evaluation)와 효율성 평가(efficiency evaluation)로 나누어진다. 실습이 원래 달성하고자 설정했던 목표가 달성되었는지에 초점을 둔 평가가 효과성 평가이고, 실습의 결과가 투입된 비용에 비해서 정당화 될 수 있는지 여부를 판단하는 것이 효율성 평가이다. 효과성 평가와 효율성 평가를 종합하여 총괄평가에서 실습평가자가 관심을 갖는 주요내용은 다음과 같다.

- 실습의 효과는 과연 실습 때문에 발생한 결과인가?
- 실습의 효과는 원래 의도했던 실습지도에 어느 정도 기여하고 있는가?
- 실습의 효과는 당초 선정한 실습목표에 대비하여 어느 정도인가?
- 실습에 투입된 비용은 얼마인가?
- 실습의 효과는 총비용을 상쇄할 만큼 크게 나타나고 있는가?

(2) 양적 평가와 질적 평가

양적 평가와 질적 평가의 구분은 평가를 위해서 수집되는 자료의 성격과 조사방법에 따른 평가의 구분이다. 양적 평가는 평가를 위해서 수집되는 자료가 주로 계량화 되어 실험조사와 같은 설계를 통해 객관적 자료가 연역적 방법으로 분석되는 것을 강조하는 평가방법이다. 질적 평가는 자연스러운 상황에서 수량화되지 않는 자료를 수집하여 귀납적으로 자료를 분석하는 데 의미를 두는 조사평가방법이다. 양적 평가는 보통 설문조사와 구조화된 질문지를 이용하여 숫자, 비율 등 강성자료(hard data)를 수집하는 데 반해 질적 평가는 인터뷰와 관찰을 통해서 수집되는 수량화될 수 없는 연성자료(soft data)에 기초하여 분석하는 차이점이 있다. 실습 평가에서 질적 평가는 실습의 성과를 객관적으로 평가하는 것이 아니라 실습지도자와 대상자를 중심으로 면접과 관찰을 하여 실습 자체에 대한 이해와 실습을 둘러싼 상황을 이해하여 실습개선에 더 큰 관심을 갖고 진행되는 평가유형이라 할 수 있다. 대체로 지금까지 실습평가는 양적 평가가 주된 평가유형으로 인식되어 왔으나 최근 질적 평가의 중요성이 부각되고 있다. 양적 평가와 질적 평가의 특성에 관해서는 〈표 4-1〉에서 잘 제시되어 있다.

〈표 4-1〉 양적 평가와 질적 평가의 주요 특성

구 분	양적 평가	질적 평가
평가의 강조점	결과 또는 성과의 강조	평가조사의 과정을 강조
논리추구의 방법	연역법	귀납법
자료의 성격	강성자료(hard data)	연성자료(soft data)
자료수집방법	설문조사, 질문지법	비구조화 된 면접, 관찰
조사방법	실험조사, 준실험조사, 단일사례설계	민속학적 조사, 현장조사, 사례조사
조사대상자	집단객관성 강조	개인 주관성 강조

(3) 적합성 평가와 메타평가

실제로 평가가 이루어지기 전후에 걸쳐 적합성 평가와 메타평가가 있을 수 있다. 적합성 평가(appropriateness evaluation)는 개별 실습평가가 이루어지기 전에 그 실습의 가치를 따져 보는 데 의미를 두는 평가이다. 즉, 앞서 설명한 효과성 평가와 효율성 평가가 진행되기 이전에 그 평가들이 추구하는 목표가 실습교육 입장에서 바람직한지에 관한 여부를 검토하는 평가이다. 여기서 적합성은 실습교육이 추구하는 수단이나 전략보다 실습교육이 추구하는 목표가 궁극적으로 실습교육적 가치에 부합하는지를 가리키는 개념이다.

메타평가(meat evaluation)는 이미 이루어진 실습평가를 차후에 종합적으로 검토해보는 평가이다. 따라서 메타평가는 평가에 대한 평가(evaluation of evaluation)로 표현되기도 한다. 즉 이미 완성된 평가를 최종보고서로 발간하기 이전에 평가방법의 적절성, 자료수집의 오류 여부, 그리고 평가결과의 해석 타당성 등을 종합적으로 검토하는 것이다.

메타평가는 또 다른 의미로 기존 평가연구를 통합 정리하는 평가방법을 지칭하기도 한다. 유명한 Fischer(1973)의 개별사회사업의 효과성 평가는 실험조사의 설계를 갖추고 효과성의 의미를 정확히 조작화한 11개의 실천효과성 평가연구를 분석하여 종합해본 결과 개별사회사업은 총체적으로 효과성이 입증되지 않는다는 메타평가의 결론을 도출해냈다(황성철, 1998). 한국에서도 사회복지 실습교육에 대한 메타평가가 필요한 현실이다.

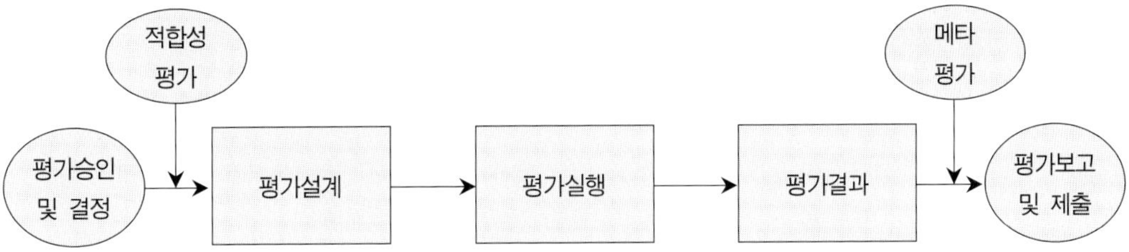

[그림 4-1] 적합성 평가와 메타평가의 발생시점

3. 실습 체계와 체계 간의 상호 관계

사회복지실습은 일방적인 탐색이나 관찰로 이루어지는 행위가 아니다. 산업시찰이나 해외여행과 같이 그 관찰 대상은 변하지 않고 단지 탐구만이 이루어지는 단순 관계를 넘는 행위인 것이다. 실습은 여러 주체 간의 기대와 목적이 상호 교차하고 공존하며 특정한 관계의 설정을 통해 수행된다. 따라서 실습을 하나의 체계로 이해하는 것은 당연하다고 할 것이다.

실습이 포함하고 있는 체계는 학생을 중심으로 하여 크게 대학과 복지기관 그리고 지역사회를 포함하는 복지대상집단으로 구성되며 이들은 각기 다른 목적과 기능을 갖고 있다. 각각의 체계는 서로 다른 기대를 갖고 있을 뿐만 아니라 경우에 따라 서로의 일치와 상충을 일으키기도 한다.

대학이 기대하는 실습의 목적은 물론 교육이라고 하겠다. 사회복지라는 학문의 성격이 응용과 실천으로 특징지어지고 있는 바와 같이 대학에서 제공되는 교육의 내용이 사회복지현장에서 체험되기를 기대하는 것이다. 사회복지 임상수업의 내용은 항상 내담자와의 상담과 치료과정을 직접 체험할 때, 비로소 그 균형을 확보한다. 복지행정 역시 기관이나 정부의 예산과 그 집행 그리고 각종 운영에 수반되는 행정업무의 실제를 통한 현실파악을 요청하고 있는 것이다. 사회복지정책도 예외 없이 그 실제의 체험을 통한 국가정책의 성격과 과제를 이해하게 되는 것이다. 결국 대학의 교육은 학생으로 하여금 교육내용에 상응하는 실제를 체험하도록 요청하고 있으며 이러한 경험의 보완은 그 학문의 성격상 필수불가결의 과정인 것이다.

반면, 복지기관은 현실적으로 실습에 대해 대학과는 다른 이해관계를 갖고 있다. 복지기관은 전문가 집단으로서 기타 유사의 집단이 갖는 전문성과 책임성의 기본 원칙을 추구한다. 업무의 성격에 따라 다르기는 하겠으나, 비교적 전문성을 결여하고 있는 실습생의 의미는 이러한 전문성과 책임성의 원칙에 위협적인 존재가 될 수 있는 것이다. 다시 말해, 기관 내에서 진행되는 기존 프로그램은 그 전문성과 책임성이 높을수록 실습생의 참여를 불허하게 된다는 것이다. 게다가 문제를 더욱 심각하게 하는 점은 실습기간, 학생들의 자격수준, 그리고 적절한 실습시기 등이 복지기관의 이해와 일치하는 경우가 매우 적다는 사실이다.

기관 내에서의 프로그램은 대학의 학사일정과 일치하지 않는 경우가 대부분이다. 다행히 어떤 프로그램의 기획단계가 실습의 시작시기와 일치하는 경우, 실습생의 참여가 보다 용이하기도 하지만 그렇다고 하더라도 양자의 종료기간까지 일치하는 경우는 더욱 드물기 때문에 중도 탈락이 불가피하고 이 경우 복지기관은 그 참여 자체를 재고할 수밖에 없게 된다. 이러한 시기의 문제가 실습생의 수준 문제와 복합될 때, 그 문제의 심각성은 더욱 가중된다.

그럼에도 불구하고, 복지기관이 실습을 통해 기대하는 현실적인 이해는 자원의 활용에 있다. 대부분의 복지기관은 대상집단에 대한 서비스와 자원의 투입을 과중하게 요청 받고 있다. 제한된 인력과 예산은 거의 예외 없는 현실임을 감안할 때, 복지기관의 자원활용은 중대한 과제가 아닐 수 없는 것이다. 대학은 실습을 양질의 전문가를 위한 교육으로 기대하고 있지만 복지기관은 실습을 사실상 자원활용으로 기대함으로써 양자 간의 이해관계는 상충되고 있다. 이는 현실이며 이의 책임소재를 밝히는 흔한 비난은 적절하지 않다.

우리가 실습 체계에서 간과해서는 안 될 것이 지역사회와 대상집단이다. 대학이나 기관이 각각의 단일 체계라고 한다면 이 역시 하나의 체계로 파악되어야 한다. 그 이유는 무엇보다도 실습의 행위가 서비스의 전달과정에 포함되어 있고 그 서비스는 반드시 대상자를 전제로 실행되기 때문이다. 뿐만 아니라 당해 기관은 이들 대상자 집단의 욕구충족과 문제해결을 통해 평가받고 검증 받는 전문기관이라는 점에서 밀접한 상호작용과 관계성을 갖고 있는 것이다. 그렇지만 현실적으로 실습에 대한 대상 체계의 이해관계는 특별한 경우를 제외하고는 불투명하다. 이들이 실습으로 인해 직 · 간접으로 영향 받을 것은 분명함에도 불구하고 이로 인한 득실의 이해를 구체적으로 표명하게 되는 경우는 비교적 희박하다.

4. 실습 체계의 역할강화 : 대학과 기관

현장실습의 문제는 한마디로 각 주체 간 이해관계의 차이이며 이는 전문성과 책임성의 두 과제를 통해 나타나고 있다. 대학과 기관 간에 발생하는 이해관계의 차이는 결국 서로에 대한 기대의 시기와 유관하다. 즉, 대학은 전문기관에서의 현장실습을 통해 교육의 양질화를 꾀하려 하는 반면, 전문기관은 현장실습 이전에 선행되는 대학교육의 현실화를 기대하고 있다. 대학은 현장실습을 교육의 보완적 기능으로 이해하는 반면, 기관은 보완적 역할수행의 현실적 한계를 토로함은 물론이거니와 실습을 자원의 유용성 수준에서 고려하는 경향을 보인다 하겠다.

지역사회를 포함하는 대상 체계에 관한 문제는 잠시 논외로 하더라도 대학과 기관 간에 상존하는 이러한 기대의 차는 비교적 심각하며 우리나라 사회복지실습의 현실적 과제이다. 우리가 이 중 어느 한쪽도 비난하지 못하는 이유는 양자가 직면하고 있는 현실이 각기 납득할 만하기 때문일 것이다. 우리나라 사회복지학과는 그 교육의 중심과 출발점을 학부에 두고 있음에 따라 몇 가지 불가피한 문제에 봉착하고 있다. 즉, 사회복지라고 하는 학문은 학술성과 동시에 삶의 현장성을 요청하는 데 반해, 그 교육의 대상은 고등학교를 이제 막 졸업한 학생이나 삶의 경험이 부족한 젊은이 라는 점이다. 우리가 지향하고 있는 목표는 지식과 동시에 체험을 요청하고 있기 때문에 대학교육은 자연 그 교육의 완성을 위해 현장실습을 필요로 하는 것이다.

궁극적으로 현장실습은 대학과 기관 양자는 물론 지역사회와 대상집단에게 중요한 의미를 갖는다. 복지기관 역시 이러한 점을 모르고 있지는 않을 것이다. 실습생들의 경험이 결과적으로 미래의 복지기관 인력수급과 그 질을 결정하게 될 것이기 때문이다. 그러나 실습을 경험하는 기관의 입장은 부정적이다. 실습생들에 대한 기관장들의 가장 일반적인 반응은 두 말할 나위 없이 이들이 너무 모른다는 것이다. 대학도 그 점에서는 동감하는 듯하다. 단지 그 해석의 차가 서로의 입장을 달리 보여줄 뿐이다. 즉, 기관은 대학교육의 비현실성이라는 원인론을 주장하는 반면, 대학은 이들이 모르기 때문에 현장실습이 필요하다는 결과론을 주장하고 있는 것이다. 그렇지만 이 양자 모두 양질의 전문가를 배양하기 위해서는 현장실습의 강화가 불가피함을 인정하지 않을 수 없을 것이다.

이제 우리가 기울여야 할 관심의 대상은 양자의 역할과 기능을 최대화할 수 있는 대책이다. 이미 양자 간의 공감대 특히 실습의 필요성에 대한 이해가 마련된 이상 상호의 노력과 참여는 재고의 여지가 없는 것이다. 당분간 학부중심의 교육과정이 계속될 것을 상정하고 또한 현장이 직면한 예산과 자원의 제약이 어느 정도 지속된다는 전제 위에서 보다 현실적이고 바람직한 방향의 모색이 필요하다.

사회복지실습에 있어 대학의 역할은 복지기관의 역할보다 중요성이 크다. 그 이유는 대학이 감당하고 있는 교육과 지도의 양이 상대적으로 클 뿐만 아니라 기간과 시기의 측면에서 복지기관을 앞서기 때문이다. 따라서 대학은 학생의 실습에 관련된 전반적인 내용에 적극적인 책임을 수행함이 바람직하다.

먼저, 실습 체계의 수준 향상을 위한 대학의 역할은 교육방법의 현실화를 통해 강화될 수 있다고 본다. 사회복지의 학문적 역사가 삶의 현장으로부터 출발하였고 사회와 개인 간 그리고 집단 간에 발생하는 문제의 해결을 추구하고 있음은 주지의 사실이다. 사회복지학과의 생성과정 역시 현장의 요청에 의해 기인하고 있음도 그러하다. 이는 우리 분야가 논리적 체계와 이론적 합의를 통한 현실접근이라기보다 이미 만연한 사회문제와 개인문제 해결이라는 강한 현실성의 기반 위에 있음을 예시한다고 할 것이다. 우리의 대학교육도 이러한 역사성과 아울러 현장의 소리를 다시 한 번 경청해야 할 시점에 와 있다고 하겠다. 유수한 미국 대학에서 얻은 높은 지식과 심오한 이론이 우리나라 현장의 소리를 철저히 압도하는 대학의 강의는 사회복지의 특성상 모순을 자처할 수밖에 없음이 사실이다.

대학강의는 가능한 우리나라 현장과의 관련성을 회복함이 바람직하다. 다인종 문화에서 관찰되는 조직폭력에 대한 이론과 조사는 권위주의에 저항하는 한국 청소년비행에 관한 이론과 관찰로 대치되거나 최소한 병행될 필요가 있다. 흑인과 유색 인종을 주 대상으로 하는 빈곤 이론과 그 대책은 이농과 여성의 빈곤화에 관한 우리의 연구와 대책으로 바뀌어야 한다. 번동이나 가양동의 빈곤과 구체적인 사례 위에 제시된 논의는 미국의 슬럼과 대도시 빈곤에 우선될 필요가 있는 것이다. 남성 우월주의가 초래하는 모자가정의 심리 · 사회적 불평등과 여고생의 가출 및 출산 등은 결코 그들의 그것과 성격이나 배경에서 차이를 갖고 있다. 만일 실습장에 파견된 학생의 시야에 뉴욕의 슬럼과 번동의 영구임대주택이 겹치고 있다면, 우리는 대학교육의 문제를 다시 한 번 절감해야 할 것이다.

분명히 밝혀야 할 것은 교육 내용과 근거를 우리나라의 것으로 대치하자는 주장이 결코 학문의 종속성을 비판하고 민족주의를 부르짖는 사회운동과는 무관하다는 점이다. 이러한 주장은 우리 분야의 균형회복 특히 이론과 관찰 혹은 이론과 실제 간의 불가분의 관계를 강조할 뿐이다. 우리의 대학 강의는 지금까지 선진국에서 발달한 이론과 모델을 수입하면서도 그 현실적 뿌리조차 체험할 여유가 없었다고 할 수 있다. 그들의 이론이나 모델이 분명 현실에서 구축된 것임에도 우리는 그 현실조차 충분히 파악하지 못한 것이다. 이러한 이론이나 모델이 우리의 강의실을 주도하고 있는 한, 학생들의 실습은 당혹스러운 현장과 비현실적 이론 사이에서의 방황으로 나타날 수밖에 없을 것이다. 다시 한 번 우리가 직시해야 할 점은 우리의 분야가 연역적인 성격보다 귀납적인 특성을 갖고 있으며 현장 지향적이라는 것이다. 구체적인 삶의 현장이 먼저 제시되어야 할 우리의 강의가 낯선 이론으로 선점되는 현실은 가능한 한 시급히 수정되어야 한다.

사회과학의 성격을 월레이스는 이론과 관찰을 두 축으로 구성하는 것으로 설명하였다. 이론에서 출발하여 질문과 관찰로 이어지는 연역적 과정과 현실의 관찰에서 출발하여 결론의 모색과 이론의 정립으로 이어지는 귀납적 과정은 사회과학을 형성하는 요체인 것이다. 하물며 우리의 분야는 성격상 후자와 밀접한 연관을 보인다고 해도 과언이 아니다. 실습체계의 발전을 위한 대학의 노력은 바로 이러한 강의 내용의 재정립이 선행될 때, 그 실효를 기대할 수 있다고 본다.

이외에도 대학이 검토할 수 있는 사항으로는 사전교육과 실습시기에 관한 재검토를 들 수 있다. 성공적인 실습교육의 조건 중 사전준비과정은 결정적이다. 이를 위한 대학의 역할로는 실습배치 이전에 면담과 지도를 강화함으로써 학생 각 개인의 관심을 파악하고 자원봉사활동과 같은 사전 준비를 선도하는 전략도 좋을 것이다. 또한 실습의 시기의 조정을 검토할 필요가 있다고 본다. 이 역시 학생의 현장에 대한 미숙과 관련이 있다. 따라서 그 시기는 교육과 현장 쌍방 간의 필요를 충족시키는 범위 안에서 최대한 그 시기를 늦출 필요가 있다고 본다.

대학의 역할과 동시에 복지기관의 역할 또한 실습체계의 개선에 필수 요소이다. 앞에서도 지적한 바 있지만, 복지기관 실습에서의 학생의 위치는 체계적인 교육과정을 밟기 어려운 실정이다. 대부분의 경우 학생은 프로그램의 중심권에서 벗어난 국외자이거나 자원의 활용 차원을 벗어나지 못하고 있는 것이다. 이의 해결은 오히려 적극적인 자원 활용을 통한 교육이라고 본다. 실습생의 위치가 복지기관에서 무의미하게 취급되는 사례는 오히려 완벽한 활용이 이루어지지 않고 있는 데에서 기인하고 있는지 모른다. 만일 복지기관이 실습생의 보다 철저한 활용을 의도한다면, 자연 실습의 내용은 문제의 본질에 가까이 갈 수밖에 없고 결과적으로 충실한 실습이 달성될 수 있을 것이다. 단지 이렇듯 철저한 자원 활용은 사전 계획이 있을 때 가능하다. 대부분의 기관이 실습의 시기와 프로그램의 진행을 일치시키지 못하고 있고 또 설령 이의 일치가 이루어진다 하더라도 학생의 사전교육을 계획하는 경우는 드물다. 바람직한 방법은 실습의 계획단계와 프로그램의 그것이 일치하도록 구성하는 것과 아울러 대학과의 협동을 통한 사전 준비과정의 설치일 것이다.

5. 사회복지 실습평가의 목적

실습평가를 통해서 학생과 학교와 기관이 서로 연결된다. 학생, 학교, 기관은 그들의 관심이 각각 다르기 때문에 실습에 대한 목적도 달라진다. 아래에 열거하는 기본목적은 모든 실습생에게 적용되는 일반적인 것이며 각 기관의 사업의 중점에 따라 실습내용이 달라질 수 있다.

학생을 위한 실습평가의 목적은 다음과 같은 네 가지 영역에서 찾을 수 있다.

첫째, 학교에서 배운 지식을 실천에 옮기는 기회가 된다.

둘째, 새로운 실천기술을 익히는 기회가 된다.

셋째, 지역사회의 사회사업 실천현장에 대한 지식, 자원에 대한 지식, 사회사업기관에 대한 지식 등을 습득하는 기회가 된다.

넷째, 아래의 영역에서 사회사업전문가로 성장하는 기회가 된다.

① 현장에서 경험하는 스트레스, 갈등, 편견, 불안 등의 해결과정에서 생기는 자아인식 발달

② 자기의 능력과 한계에 대한 통찰력

③ 사회사업을 전문직으로 택한 동기에 대해 재고하고 확신하는 과정

④ 실습지도를 받으면서 한 기관의 전문가로서 가져야 할 사회사업전문직에 대한 인식

대학에서의 위한 실습평가의 목적은 다음의 네 가지의 영역에서 찾을 수 있다.

첫째, 교육이론과 실천과의 교량역할을 한다.

둘째, 교육과 학습에 보조적 역할을 한다. 즉, 학생은 실천에 관여함으로 문제에 대처할 때 현장감을 갖게 되고 교수는 학생을 통하여 현장에서 일어나고 있는 일과 관련을 유지한다.

셋째, 사회사업교육의 효율성에 대한 평가의 기초가 된다.

넷째, 실습지에서 다른 학생들과 경험을 나누면서 사회사업의 넓은 영역에서 학생들이 접하도록 하는 방법이다.

기관을 위한 실습평가의 목적은 다음의 세 가지 영역에서 찾아볼 수 있다.

첫째, 전문 사회사업가 양성을 위해서는 이론적 지식과 함께 기술향상을 도모하는 교육 프로그램이 요청된다.

둘째, 클라이언트에게 서비스를 제공하며 서비스 영역을 개발한다.

셋째, 사회사업의 전반적 발전과 함께 보조를 맞출 수 있는 기회가 된다.

실습지도는 학생의 학습과 발달에 중점을 둔다. 기관의 슈퍼바이저도 학생들로부터 지식과 기술을 발전시키는 계속적인 도전을 받게 되므로 실습지도를 통해서 성장한다. 학생을 평가할 때, 슈퍼바이저 자신에 대한 평가와 기관의 프로그램에 대한 평가도 동시에 하게 된다. 이와 같은 평가를 통해 사회사업의 궁극적 목적인 우리가 봉사하는 사람들을 위한 서비스 개선이 이루어져야 한다.

6. 사회복지 실습평가의 기능

사회복지에 있어 실습평가의 중요성은 매우 크다. 그 이유는 사회복지학의 응용적 성격과 역사성 그리고 현실의 요청 등에 기인한다. 필히 순기능적인 성격을 가져야 할 실습이 우리 현실에서는 대학과 기관 간의 갈등과 학생의 좌절을 초래하는 문제를 안고 있음이 사실이다. 실습의 기능을 그 체계와 역할을 중심으로 검토하고 이의 회복을 꾀하는 노력은 우리의 과제라 할 것이다.

실습이 그 체계 속에서 안고 있는 문제는 각 주체 간의 기대와 이해관계로 인해 발생하고 있다. 이러한 현실은 우리나라 사회복지의 일천한 역사와 여건의 왜곡 등과 연관되어 있다. 인간문제의 해결은 사실상 고도의 과학과 기술 그리고 경험을 필요로 함에도 이를 미숙한 학부생에게 요구하고 있고 실습을 통해 이에 직면하기를 기대하는 것 자체가 어느 정도 어려움을 안고 있는지 모른다. 현장 역시 제한된 예산과 인력은 실습을 위한 훌륭한 교육장이 되지 못하고 오히려 실습생의 근로봉사를 자원으로써 활용하려 한다. 이러한 문제를 해결하기 위한 노력은 대학과 현장의 협력을 통해 달성될 수 있으며 그 노력은 결코 무의미하지 않을 것이다.

대학 강의는 보다 경험적이고 우리 현실을 근거로 구성됨이 바람직하다. 이는 실습에 국한된 것이 아니며 사회복지학의 특성의 회복이다. 아직 학문으로서의 독립성이 미진한 우리 현실은 우리 모두에게 보다 시급한 교육의 현실화를 요구하고 있으며 이의 달성은 곧 실습의 수준 향상을 가져올 것이다.

나아가 실습을 위한 사전 준비와 시기의 재검토 역시 향후 실습의 양질화에 중요한 요인이 될 것으로 본다. 특히 사전 준비와 교육은 복지기관의 협동이 전제될 때 더욱 실효성을 기대할 수 있을 것이다.

복지기관의 적극적인 대처도 강조되어야 할 것이다. 무엇보다도 실습이 갖는 유용성을 철저히 활용할 필요가 있다. 잊지 말아야 할 것은 실습에 대한 대학과 기관의 투자는 결국 우리 모두의 진일보를 가져올 것이라는 사실이다. 보다 원숙한 판단이 우리에게 있다면, 우리는 결코 장기적인 이익을 위해 오늘의 노력을 중지하지 않을 것이다.

7. 실습의 세 가지 영역 : 행정, 교육, 평가

실습지도에 있어서 적절한 프로그램을 계획하기 위해서는 실습지도의 세 가지 주요 영역에 있어서 기관의 역할을 이해하는 것이 필요하다. 기관의 역할을 이해하기 위해서 Kadushin 모델을 사용할 수 있다.

행정 영역에 있어서 기관의 역할은 다음과 같다.

첫째, 학생으로 하여금 기관의 역사, 철학, 지역사회에서의 역할을 익히도록 한다(기관의 실무와 관련된 사회복지사업법, 지역사회, 지역주민, 지역의 관심, 지역의 개발계획, 지역사회 내의 자원).

둘째, 학생으로 하여금 정관, 규칙, 정책 등을 익히도록 한다.

셋째, 학생으로 하여금 지역의 과거와 현재를 분석하게 하여 지역사회 요구의 변천을 인지하고 앞으로 개발할 프로그램을 찾도록 돕는다.

교육 영역에 있어서 기관의 역할을 세 가지 측면에서 생각할 수 있다.

첫째, 클라이언트와 일하거나 지역사회와 기관의 프로그램을 이해하기 위해 필요한 이론적 지식을 가르친다.

둘째, 실습의 내용과 관련된 방법론이나 기술을 발전시키기 위해 가르치고 도와준다.

셋째, 전문적 발전을 위한 기회를 제공한다.

평가 영역에 있어서 기관의 역할은 다음 세 가지로 말할 수 있다.

첫째, 기관의 조직과 지역사회에 대한 지식을 기초하여 기관의 기대, 지식습득, 기술개발과 관련된 학생의 업무수행에 대해 평가한다.

둘째, 기관의 규칙, 정책, 사회복지법, 기타 행정절차와 관련된 학생의 업무수행에 대해 평가한다.

셋째, 편견, 가치관, 갈등, 방어, 불안, 솔선성, 사회사업 선택 동기 등 자아인식 분야에 있어서의 발달을 평가한다.

전문적 자아의 발달은 실습생을 지도하는 데 있어 매우 중요하다. 전문사회사업가의 기준은 무엇인가? 전문사회사업가는 기관의 목적을 지지하며, 기관의 규칙을 준수하고, 자기 행동에 대해 책임을 진다. 또한 일과 사람에 대해 긍정적이고 건설적 태도를 보이는 동시에 기관의 직원과 사회사업가 동료들을 지원한다. 전문가는 자신의 일뿐 아니라 타 직원의 일도 비판적으로 혹은 건설적으로 분석할 수 있는 사람이다. 그리고 전문가는 모든 사람들에게 창조적으로 사회에 참여할 수 있는 능력이 있음을 믿는다.

이상의 세 가지 영역은 상호 연관되어 홀로 따로 떨어져 기능할 수 없다. 기관의 슈퍼바이저가 평가적 역할을 수행하려면 평가할 대상이 있어야 한다. 그것은 바로 실습지도의 교육내용이다. 교육적 역할을 성취하려면 학생으로 하여금 부여된 구체적인 임무를 수행하도록 하기 위한 기초가 있어야 한다. 행정 영역이 이 기초를 마련해 준다. 행정, 교육, 평가, 이 세 가지 영역은 별개로 분리될 수 없으며 서로 유기적 관계 속에서 기능한다.

8. 각 영역에 따른 역할

1) 행정 영역

실습지도에 있어서 행정 영역은 건물의 기초와 같이 모든 실습경험의 기초가 된다. 큰 기관이거나 작은 기관이거나, 정관, 규칙, 운영세칙 등이 있어 그 기관의 운영을 도우며 각 기관마다 프로그램의 방향을 설정하는 목적과 목표가 있다. 이와 같은 목적을 달성하기 위해서 기관에는 조직이 있고 의사소통방법과 의사결정방법이 있다.

각 사회사업 기관은 공식목적과 운영목적을 가지고 있다. 공식목적은 보통 그 기관의 인간애적 특성을 반영하는 넓고 일반적인 것일 경우가 많고, 따라서 기관의 설립 당시부터 오랫동안 변화 없이 지속될 수 있다. 그러나 운영목적은 사회의 요구에 따라 변화하며, 이 운영목적이 프로그램 방향을 결정한다. 실습생은 사회사업 기관의 복합성을 이해해야 하며, 이러한 이해는 그 기관의 목적을 분석함으로써 가능해진다. 이 점은 슈퍼바이저의 행정적 교육책임 중 중요한 부분이다.

또한 실습생에게 기관의 행정적 구조에 관해서 이해시키는 것이 중요하다. 기관의 의사결정방법을 분석하는 것도 행정구조를 이해하기 위한 한 가지 방법이다. 의사는 어떻게 결정되는가? 누가 의사를 결정하는가? 기관은 이 사업이 어떻게 추진되는가? 의사소통의 계통은 무엇인가? 정기직원회의, 기획회의, 평가회 등이 있는가? 직원의 업무규정은 있는가?

통상 실습지도에서 기관의 계통이나 조직에 대한 분석을 많이 시도하고 있지 않으나 학생들도 재단이사회, 자문위원회 등의 기능에 대해 알아야 한다. 정관은 읽기에 재미있는 것은 아니지만 기관의 기초라는 점에서 매우 중요하며 잘 이해되고 분석되어야 한다. 물론 슈퍼바이저는 기관의 조직이나 목적에 대해서 잘 알고 있어야 한다.

행정적인 면에서 슈퍼바이저의 역할은 세 가지 단계로 나눌 수 있다.

첫째, 실습생이 실습지에 오기 전 준비하는 단계

둘째, 실습생이 실습지에 배치된 초기에 할 일

셋째, 나머지 실습기간중의 일

첫째 단계에서 우선해야 할 것은 실습지도계획을 하는 일이다. 실습의 목적, 실습의 구체적인 내용, 실습일정표 등을 결정한다. 준비단계는 실습경험을 발전시키는 데 기초가 되는 매우 중요한 단계이다.

다음으로 보고서에 대해 결정해야 한다. 어떠한 보고서를 언제 받을 것인가가 결정되고 학생과 슈퍼바이저의 면담, 평가과정이 결정되어야 한다. 예를 들어, 누가 평가회의에 참석할지 등을 결정해야 하는 것이다.

그 후 학생배치에 관해서 학교와 교섭해야 한다. 이일은 기관에 따라 혹은 학교에 따라 다를 수 있다. 기관이 학교에 연락해서 필요한 실습생의 수와 실습내용을 알리고, 학교에서 실습생 배치에 동의하면 기관에서는 상세한 실습내용, 실습기간, 오리엔테이션의 시간과 장소 등의 내용이 포함된 공식적 요청을 하는 것도 한 가지 방법이다.

이어 실습생이 일할 장소를 준비하고 예산을 준비하며 기본적인 실습계획을 다른 직원에게 알린다. 미리 계획해야 하는 재정적 문제는 중식계획, 교통비, 견학비, 기타 비용에 관한 것들이다. 실습이 시작될 때, 실습생에게 실습실습의 예산집행에 관한 기관의 정책을 반드시 알려주어야 한다.

태화기독교사회복지관에서는 1984년 봄학기부터 실습비를 받도록 정책을 세웠다. 다른 기관들도 이와 같은 정책을 세우는 것이 바람직하다고 생각된다. 실습비를 받는 것은 실습생의 스트레스를 줄일 수 있는 방법 중 하나일 수도 있다. 즉, 실습생은 실습비를 냄으로써, 슈퍼바이저가 실습에 많은 시간을 할애하기 때문에 생길 수 있는 미안한 마음으로부터 벗어날 수 있다. 또한 실습기간이 끝날 때 실습생이 슈퍼바이저에게 선물을 주어야 한다는 의무감에서도 벗어날 수 있다. 그리고 무엇보다도 실습생들을 적극적으로 능동적으로 실습에 참여하게 된다. 기관도 실습비를 받게 되면 장래의 사회사업가를 양성하는 데 중요한 역할을 맡는다는 강한 사명의식을 갖게 되고 실습지도의 질을 높이려고 노력하게 된다. 학교는 실습생이 더 좋은 훈련을 받으리라고 믿게 되며 기관과 학교와의 원활한 의사소통과 협력을 위해서도 일익을 감당할 수 있다. 실습비를 받는 정책은 실습지도의 수준향상 내지는 사회사업의 질적 향상을 위해서 도움이 된다.

마지막으로 기관 오리엔테이션을 준비한다. 모든 직원이 실습계획을 알고 있어야 하며, 학생들이 기관의 프로그램에 익숙해지도록 도와야 한다. 오리엔테이션에는 기관의 역사, 철학, 프로그램 변천에 대한 분석 등이 포함된다.

현재 프로그램의 분석과 장래의 계획도 매우 중요한 내용이다. 사회사업은 미래지향적인 전문직임을 학생에게 인식시킬 필요가 있다. 사회의 요구는 무엇인가? 우리 기관은 이에 대처하기 위해서 어떻게 준비하고 있는가? 이외에 기관의 프로그램과 관련된 사회복지법과 정부의 정책을 아는 것도 중요하다.

슈퍼바이저의 행정적 역할 중 둘째단계는 실습 초기 몇 주 동안 이루어진다. 앞 단계의 준비가 잘 되었을 경우, 슈퍼바이저는 별다른 스트레스 없이 실습지도에 임할 수 있다. 실습 첫날 오리엔테이션으로 실습지도는 시작된다. 이날 개별면담시간을 뒤이어 가짐으로서 슈퍼바이저와 실습생이 친근한 인간관계를 맺을 수 있다. 학생과 함께 협의하고 필요시 실습생의 의견을 참작하여 최종 계획을 마련한다.

학교와 연락하여 기관의 슈퍼바이저가 누구인가 알리고 실습의 상세한 계획을 알리며 담당교수가 실습초기에 기관을 방문하도록 요청한다.

셋째 단계는 실습 종결 시까지 계속된다. 이 기간에 슈퍼바이저는 조정자, 감독자, 지원자, 행정중계자와 대변자의 역할을 한다(Kadushin, p.130).

행정 영역에 있어서 학습내용은 효율적인 교육 프로그램을 계획하고 운영하는 데 기초가 된다. 그러므로 행정 영역의 계획을 잘 세우는 것이 실습지도에 있어서 매우 중요하다.

행정 영역에서 학생들이 알아야 할 것, 오리엔테이션에 포함되어야 할 것, 슈퍼바이저가 준비해야 할 것 등을 다시 요약해보면 다음과 같다.

첫째, 기관의 역사, 설립목적과 철학, 초기의 사업

둘째, 기구, 정과, 자문위원회, 운영위원회, 이사회, 공식목적, 운영목적, 관련기관

셋째, 기관의 조직, 직원관계, 직원업무, 의사결정과정, 의사소통과정

넷째, 지역사회와 주민에 대한 이해, 지역사회 자원

다섯째, 사회복지법

위의 것들과 관련된 팸플릿, 책자, 기타 자료를 학생들에게 읽도록 하고 기관분석, 필요시 지역사회 분석, 학생프로필 등을 작성하게 한다. 일과기록, 학생이 받은 인상, 학생의 발전 등이 포함된 일지를 쓰도록 한다. 이것은 학생기록의 중요한 부분이 된다. 일지를 통해 슈퍼바이저는 학생의 실습과정에 대해 알게 되고 의논하거나 평가할 자료를 얻을 수 있다.

2) 교육 영역

교육 영역은 학생에게 실제로 주어진 업무에 초점을 맞춘다. 기관의 일차적 책임은 클라이언트에게 최선의 서비tm 제공하는 것이므로 실습생이 훌륭하게 업무를 수행해내도록 교육하는 것은 매우 중요하다. 실습생이 이미 학교에서 배운 기술과 지식을 실천에 옮길 수 있도록 슈퍼바이저는 교육 프로그램을 짜고 학생을 지도한다.

필자는 기관 실습지도의 궁극적 목적은 장래의 사회사업가를 훈련시키는 일이라고 믿는다. 전문적 발전이란 무엇인가? 전문적 발전이란 지식의 습득, 실행을 통해 얻는 학습, 사회사업 전문직과의 동일감 형성을 의미한다. 또한 자기 자신에 대한 인식의 발달을 의미하기도 한다. 행정 영역에서는 이와 같은 목표의 실현을 위한 기초를 제공하고 교육 영역에서는 전문적 자아의

발전에 필수적인 지식과 기술을 제공한다(Kadushin, p.127).

실습지도의 교육 영역에는 세 가지 목표가 있다.

첫째, 실습지도의 훈련 영역을 학생에게 제공한다.

둘째, 비전문가에게 전문가로서의 역할전환을 할 수 있는 장을 제공하며, 직업의식을 제공한다. 전문적 사회화란 전문적 동일감을 형성하는 것이며 동료와 더불어 하는 자신의 일에 대해 특수한 안목을 갖게 되는 것이다(Kadushin, p.128).

셋째, 기관의 설립취지 및 신조를 전달한다(Kadushin, p.128). 그리하여 실습생들은 기관의 가치관, 목적, 제반 절차에 대해 긍정적인 태도를 발전시키게 되고 신념을 갖게 되는데 이는 실습생에게 매우 중요한 것이다.

실습생이 주어진 업무수행에 필요한 기술과 지식을 얻을 수 있도록 슈퍼바이저는 학습과정을 계획해야 한다.

계획을 세울 때 학습되는 상황을 분석하는 것이 중요하다. 대부분 학습에 있어서 학습은 독서, 청취, 행동을 통해서 이루어진다. 학습자의 동기도 학습에 매우 중요한 요소이다. 실습생은 사회사업전문직에 대해서 어떤 신념을 갖고 있는가? 얼마나 신중히 임무를 받아들이는가?

학습에는 책을 읽고 강의를 들어 얻어지는 지적 학습이 있다. 실천학습은 실제 업무수행 경험에서 이루어지는 것으로 지적 학습을 실제에 적용시켜보는 것이다. 정서적 학습은 이러한 모든 학습과정에 몰입하는 것이다. 모든 대인관계는 항상 불안과 긴장을 내포하고 있다. 또한 여기에 방어와 편견이 따르게 된다. 사람에 봉사하는 업무에 대한 동기와 헌신의 정도도 실습과 정중 평가된다.

교육 영역에서 우리는 실습생의 시간을 최대한 활용하여 지적 학습과 실용적 학습을 계획한다. 정서적으로 얼마나 학습에 몰두하며 그것은 실습에 어떤 영향을 주는가 하는 점이 면담에서 이루어져야 한다. 정서적 학습도 지적 학습이나 실용적 학습과 같이 전문적인 발달의 한 측면으로 매주 중요하다.

교육 프로그램 계획의 실제임무는 다음과 같다.

첫째, 실습의 책임이나 의무(예: 집단지도자, 카운슬러, 지역사회사업가 등)

둘째, 학습기대치

셋째, 책임수행에 필요한 지식, 기술, 능력

넷째, 특강, 견학

다섯째, 보고

이와 같은 학습경험이 계획되면 세부 실습계획이 가능하다. 기본 계획과 교육경험의 내용은 슈퍼바이저가 결정하더라도 세부계획은 실습생과 함께하는 것이 바람직하다. 예를 들면 보고과정, 보고내용, 과제물 등은 실습생과 함께 결정할 수 있는 것들이다. 실습생이 기관에 도착하기 전에 교육 영역의 내용이 충분히 고려되고 치밀하게 계획될 때 학생, 슈퍼바이저, 기관이 모두 균형 있고 의미 있는 실습을 경험하게 된다.

3) 평가 영역

Kadushin은 그의 책 『*Supervision in Social Work*』에서 Schmidt와 Perry의 저서(1940)를 인용하면서 평가란 "일정 기간 동안 사회사업가에게 맡겨진 임무에 대해 그 전체적 기능을 객관적으로 감정하는 것"이라고 정의했다(Kadushin, p.272). 평가는 실습생과의 처음 접촉에서부터 시작되어 학교에 보고서를 보낼 때까지 계속되는 과정이다. 평가는 기관의 수준을 반영하는, 구체적이고 현실적이며 성취 가능한 기준에 의한 판단이다(Kadushin, p.272). 다시 말하자면 업무수행의 질적 수준과 양적 상태에 관한 것이다.

학생은 개별적으로 행정 및 교육적 기대치에 따라 평가된다. 그러므로 기대치가 분명히 정의되어 있어야 한다. 평가과정에 있어서 이 점은 매우 중요한 측면이다. 평가를 위해서 학생은 배워야 할 것, 실습기간 중에 성취해야 할 것이 무엇인지 정의해주는 분명한 기초가 있어야 하는 것이다.

평가는 학생에게 어떤 도움을 주는가? 평가회가 계획된 것을 알게 되면 학생은 불안감을 줄일 수 있다. 중간평가로 인해 학생은 변화와 성취에 대한 전망을 갖게 된다. 평가회를 통해 실습생들에게 동기가 부여되고 방향을 찾게 되며, 통합적 학습을 하게 된다(Kadushin, p.274). 정기적 평가회를 가짐으로써 자기평가의 양식, 자기규율의 양식이 생기고 자아인식도 증진된다.

평가를 통해 기관은 어떠한 도움을 얻는가? 클라이언트에게보다 효율적인 봉사를 할 수 있고 실습지도의 방향이 제시되며 학생의 업무수행 판단에 있어 학교와 공동책임을 지게 되고, 기관의 프로그램이나 실습지도 과정의 문제점을 찾아낼 수 있다.

평가과정은 실습 첫날 학생과 면담을 하면서 시작된다. 첫 면담은 학생이나 기관을 위해서 가장 효율적인 실습경험이 되도록 하기 위해, 슈퍼바이저가 학생에 대해 알아야 할 사항을 중심으로 이루어져야 한다. 학생이 다른 기관에서 가졌던 경험, 자원봉사경험, 사회사업을 택한 동기, 특기, 취미, 능력, 특별히 관심을 가진 분야, 지역사회 자원에 대한 지식 등이 첫 면담에서 다루어지게 된다.

중간평가에서는 실습의 목적과 내용을 상세히 검토해야 하며, 학생의 현 위치를 평가행정 및 교육 영역이 평가됨으로 이미 경험된 것, 앞으로 배울 것, 좀 더 중점적으로 다룰 것이 무엇인지 확인해야 한다. 학생에게는 현재 잘하고 있는 점, 문제점, 문제점을 해소하기 위해 할 일 등을 알려준다. 중간평가는 남은 기간의 실습방향을 결정짓는 매우 중요한 시기이다.

마지막 평가는 전체 기간을 검토하며 배운 것을 분석하고 발전된 새로운 기술을 검토하며 앞으로의 배치계획에 방향을 제시한다. 이러한 마지막 평가에는 모든 실습생이 참여하여 경험을 함께 나누는 기회가 된다. 모든 학생은 슈퍼바이저와 마지막 개별면담을 가져야 하고 기관의 직원 전체가 실습생의 보고를 듣는 기회도 마련되어야 한다.

실습지도 과정은 일방적인 것이 아니다. 슈퍼바이저도 실습생을 지도할 때마다 새로운 것을 배운다. 실습생과 슈퍼바이저의 관계는 매우 특수하므로 피차 분명한 이해가 있어야 한다. 슈퍼바이저는 선생과 지도자로서, 학생은 학습자와 실천자로서 각각 규정된 역할이 있다. 이 관계의 주된 목적은 학생으로 하여금 건설적으로 서비스를 제공하는 방법을 배우도록 하며, 사회사업

기술을 발전시키게 하는 것이다. 이들의 관계는 전문적 관계이다. 학생의 클라이언트는 슈퍼바이저의 클라이언트가 아니므로 모든 의사전달은 학생을 통해서 클라이언트에게 전달되어야 한다. 학생은 슈퍼바이저의 클라이언트가 아니므로 개인문제는 업무수행에 영향을 주거나 관련된 부분만 다루어져야 한다.

모든 기관은 각 기관 특유의 평가과정을 갖는다. 태화기독교사회복지관의 슈퍼바이저들은 매 학기마다 규정에 따라 실습이 끝난 후에 평가하는 것이 도움이 된다는 결론을 얻었다. 이러한 최종평가에서는 앞으로의 실습방향을 결정할 수 있다. 평가회에서 학생들이 제안하는 점을 신중히 고려하며 학생들의 요구를 경청하고 학교와의 관계를 재평가하고 자신의 업무수행의 발전을 위한 제언도 받아들여야 한다.

우리가 슈퍼바이저로서 계속해서 스스로의 업무수행을 평가할 때 우리의 효율성도 증진되고 클라이언트에게 제공되는 서비스도 향상된다. 동시에 사회사업 실무의 수준향상과 한국의 사회사업 발전에도 이바지하게 될 것이다.

9. 실습을 위한 학습 계약서(Educational Agreement or Contract)

학생들은 매 학기마다 기관에서 실습생들이 할 일과, 실습생과 실습지도자의 책임 내용을 나타내는 계약서를 작성한다. 이 계약서는 실습 지도자가 실습생의 성적을 평가할 때 기본이 되며, 또한 졸업 후 학교가 학생의 실습 경험을 증명하는 데 근거가 된다. 이것은 평가서(performance Evaluation)와 함께 각 학생의 성적에 중요한 역할을 한다. 계약서는 학생의 전공, 교육목표 그리고 실습과 관련된 기관의 필요와 기대에 대한 학교의 요구를 반영해야 한다. 실습 지도자와 실습생들은 함께 계약서를 매 학기마다 점검하고, 필요하다면 수시로 수정할 수 있다. 각 계약서는 학생, 실습지도자 그리고 지도교수(Faculty Liaison) 모두에 의해 서명을 받아야 한다. 계약서는 실습 시작 후 한 달 내에 실습지도실에 제출하여야 한다. 학습 계약서의 구체적인 구성과 내용은 다음과 같다.

계약서의 Outline(Outline for Student Educational Agreement)

실습생 이름 :	실습생의 전공 :
기관 :	부전공(선택) :
실습 지도자 :	학기 :
실습 지도자 서명 :	날짜 :
실습생 서명 :	날짜 :
지도 교수 서명 :	날짜 :

실습생은 시간 제한적이고 양적인 Goal Statement를 작성한다. 예를 들어,

- 임상 실습생은 X명의 클라이언트를 맡을 것이며, 각 클라이언트를 2주에 한 번씩 만날 것이다.
- 임상 실습생은 김XX에게서 일주일에 2시간씩 supervision을 받을 것이다.
- 행정 전공 실습생은 "아동보호기금요청서(Child Prevention Grant)"를 10월 15일까지 쓸 것이다.

한 학기 동안의 학생의 활동들을 반영하는 여러 개의 Goal Statement도 가능하고, Goal Statement는 한 학기 또는 그 다음 학기까지 유효할 수 있다. 위와 같은 Goal Statement는 특히 평가 시 유용하며, 시간 제한적이고 양적인 것 또한 학기말의 평가 때 쉽게 측정될 수 있다. 즉, 간단히 목표가 달성되었는지 혹은 아닌지 나타낼 수 있다. 또 달성되지 않았을 때 그 이유를 설명할 수 있다. - 예를 들어 기관 자원의 부족, 우선순위의 변화, 주요 직원의 상실 등.

계약서는 실습중의 업무에 대해 실습지도자와 실습생이 함께 파악하고 협상해야 한다. 계약서는 다음과 같은 세부적인 내용을 포함해야 한다.

- **업무** : 유형-장기적인지 혹은 단기적인지, 예상 업무 완성일, 다른 일반적인 업무들과 같은 것이 기록될 수 있다. 각 실습생의 전공과 관련된 업무는 반드시 기록되어야 한다.
- **역할관계** : 실습생이 함께 일할 기관의 다른 종사자들.
- **회의** : 필수인지 혹은 선택인지, 관찰자, 참석자 혹은 발표자인지
- **Supervision** : 어떤 사람으로부터, 얼마나 자주, 얼마나 오랫동안 지도를 받는지 기록한다. 또 실습생과 실습지도자의 책임도 기록한다. 실습지도자는 적어도 일주일에 1시간을 실습생을 지도할 수 있도록 구체적인 계획을 세워야 한다.
- **기록** : 기록과 보고서의 유형, 빈도 그리고 제출 계획. 학생의 지속적인 업무기록은 실습생의 책임에 포함된다. 기록은 진행과정 기록, 케이스 혹은 그룹 기록, 보고서, 요약 등의 양식을 취할 수 있다.
- **스케줄** : 날 수, 시간, 결석에 관한 문제 등

계약서는 다음의 세 가지에 기초한다.

1. Practicum Course Statement : 학생의 전공에 중점을 둔 목표와 기술에 관한 일반적인 내용
2. 학생의 특정 관심과 직업 목표 : 각 학생은 그가 실습에서 무엇을 배우고자 하는지 바람이 있을 것이다. 그러므로 학생의 이러한 생각의 반영이 계약서 작성 시 매우 중요한 역할을 해야 한다.
3. 기관의 서비스 프로그램과 필요 : 학생들의 업무는 교육적인 목표를 가지고 있으면서, 동시에 기관의 실제적인 업무의 일부이어야 하고, 업무에 도움을 주어야 한다. 이러한 업무는 케이스, 서베이, 그룹 미팅, 가정방문과 같은 것들이 될 수 있으며, 반드시 계약서에 명시되어야 한다.

학생은 liaison에게 계약서를 제출해야 하고, 지도교수는 점검을 한 뒤, 필요하면 수정을 요구하고, 계약서를 승낙한다. 그 후에야 계약서는 학생의 영구실습기록에 보관될 수 있다.

계약서는 실습생의 기술, 업무완성도 그리고 관심이 확장되고 심화됨에 따라 수정될 수도 있다. 중요한 수정이나 교정은 반드시 원본의 계약서에 첨가되어야 한다.

10. 실습평가서(Evaluation of Field Instruction Performance)

실습은 현장과의 만남이다. 각종의 과제가 산재한 현장은 때로는 정돈된 형태로, 또 때로는 혼돈의 형태로 실습의 장을 제공하고 있다. 이러한 대학과 현장 간의 만남은 몇 가지의 차원에서 그 본질적인 질문을 갖고 있으며 실습의 올바른 이해와 성공적인 결과를 위해 이에 대한 논의가 선행되는 것이 바람직하다 하겠다. 무엇보다도 선행되어야 할 질문은 기관 간의 기대와 이해관계에 대한 것이다. 대학, 기관, 그리고 지역사회 혹은 대상체계로 이어지는 일련의 관계설정은 실습에 연관되는 우리 모두에게 중요한 과제가 된다. 둘째로, 실습에서 직면하게 되는 사회현상의 보편적 성격에 대한 총체적인 이해의 중요성이다. 비록 현장의 성격에 따라 실습에서 발생되는 현실적 과제가 다르다 하겠지만 사회복지현장이 실습을 통해 나타나게 되는 보다 보편적인 특성을 미리 파악하는 일은 매우 중요하다 할 것이다. 마지막으로 우리가 논의해야 할 점은 실습을 통한 성취이며 그 결실이다. 실습의 성과는 단지 실습에 임하는 학생 자신의 목적달성 이외에도 대학, 기관 그리고 그 대상체계에 연결되는 사회복지 전반과 결코 무관하지 않다.

실습평가서는 liaison이 실습 성적을 평가할 때 기초 자료가 된다. 실습평가서는 실습지도자의 업무이고, 서면의 실습평가서 없이는 실습 성적이 나오지 않는다. 실습평가서는 매 학기마다 요구되고, 학생의 영구학업기록의 일부로 남게 된다. 실습평가서는 종종 주 면허와 고용주들에 의해 요구된다. 실습평가서는 제출 전에 반드시 실습생과 실습지도자 그리고 liaison 모두의 서명을 받아야 한다. 실습평가서의 마감은 매 학기말이다. 실습평가서의 구체적인 구성과 내용은 다음과 같다.

평가서 Outline(Outline for Student Evaluation)

실습생 이름 :	전 공 :
기 관 :	부전공 :
실습지도자 :	학 기 :
실습지도자 서명 :	날 짜 :
실습생 서명 :	날 짜 :
지도교수 서명 :	날 짜 :

업무(Assignments)

1. 실습생의 장/단기 업무에 대해 간단히 서술하고, 그것들이 독립적으로 혹은 다른 사람과 같이 행해졌는지도 기록한다. 업무의 구체적인 결과와 완성의 정도가 자세히 기록되어야 한다. 이런 정보가 없는 평가는 불완전한 것으로 간주된다.
2. 실습생의 전공에 관한 업무를 명시한다.
3. 부전공이 있다면 그것에 관한 업무 또한 명시한다.
4. 업무의 성공률과 시간에 대해 간단히 언급한다.

실습지도(Supervision)

1. 실습지도 방법과 빈도를 간단히 기록한다. 예를 들어 정기적인 회의, 공동의 업무(shared assignments) 혹은 그룹 슈퍼비전 등
2. 실습생의 참여수준과 준비도를 기술한다.
3. 평가 시 실습생 참여의 양적/질적 측면을 명시한다.

업무수행(Performance)

1. 실습생의 전공에 근거하여 실습생의 업무 완성도에 관한 내용을 기술한다. 만약, 실습이 첫 번째 학기라면, 'beginning competency'가 사정의 기준이 되고, 이것은 계약서에 나타난 업무들과 연관이 있어야 한다. 첫 번째 학기 이후에는 'mastery'가 사정의 기준이 된다.
2. 부전공이 있다면 부전공에 대한 업무 완성도를 평가한다. 부전공에 대한 평가의 기준은 'beginning competency'이다.
3. 실습생의 업무수행에 대한 양적인 측면, 업무 유형, 기간 등을 자세히 기술한다.

준비(Preparation)

1. 평가서는 매 학기마다 실습지도자가 준비하고 서명한다.
2. 평가에 실습생의 참여를 확인하기 위해, 평가서에 실습생의 서명이 반드시 요구된다. 만약 실습생이 동의하지 않는다면, 실습생은 평가서에 자신의 의견을 추가로 첨부할 수 있으며, 실습지도자에게 그에 대한 서명을 요구할 수 있다.
3. 평가서는 매 학기말의 일주일 전에 liaison에게 제출하고, 지도교수는 검토한 뒤 서명을 한다.

중 간 평 가 서

– 표지를 만들 것(실습생명, 지도자 명, 지도교수 명 등)

1. 실습내용 및 실습평가

1) 수행한 실습내용 및 역할의 요약
   – 실습지도 내용을 일정별로 간략히 제시
2) 실습평가서를 활용한 자체 평가
   – 평가도구를 설명할 것(개발주체, 평가 영역, 문항, 점수부여 방법 등)
   – 기본평가서 자체 평가
   – 전문평가서 자체 평가
   – 영역별로 점수분석, 영역별 점수비교, 종점 제시, 분석, 향후 노력의 방향 제시

2. 실습을 통해 배운 점

– 각 항목별로 실습을 통해 배운 점을 기술하고, 교육내용을 평가, 바람직한 대안을 제시함
– 모든 내용을 기록할 때 소제목을 달 것

1) 행정적인 면
2) 교육적인 면
3) 평가적인 면

3. 어려웠던 점

– 소제목을 달고 어려웠던 점들을 기술할 것
– 소제목을 단다는 것은 활동내용을 요약, 분석하고 정리하는 중요한 작업임

4. 남은 기간을 통하여 배워야 할 점 또는 배우고 싶은 점

– 추상적으로 기록하지 말고 구체적이고 명확하게 기록할 것

5. 실습지도자에게 바라는 점

중 간 평 가 서

학생명 : 학교 및 지도교수 :
실습기간 : 실습지도자 :

1. 실습일정과 실습내용

2. 기본/전문평가서에 의한 자체 평가

3. 종합평가

1) 행정적인 면

2) 교육적인 면

3) 평가적인 면

4. 전문성개발

1) 이번 실습 경험은 앞으로의 사회사업 실천에 활용될 수 있겠는가?

2) 편견, 불안, 갈등, 스트레스 경험을 통해서 자아인식이 발달될 수 있었는가?

3) 이번 실습으로 좀 더 사회사업 분야의 광범위한 측면을 인식할 수 있었는가?

4) 사회사업 선택에 대한 갈등은 없었는가?

5. 좋았던 점과 어려웠던 점

6. 기관에 대한 제의(실습부서 및 기관전체, 실습내용, 프로그램 등)

7. 실습소감

[참고문헌]

권영미(1985). "사회사업 실습의 체계화를 위한 연구 : Alfred Kadushin의 모델을 중심으로". 서울여자대학교 대학원 석사학위논문.

김통원(1998). "사회복지실천에서의 책임성 전략". **한국사회복지학회 춘계학술대회**, 1998. 4.

김만두(1990). "실습 교육의 문제점과 개선". 1990년도 한국사회사업(복지)대학협의회 연찬회 보고서.

김융일(1987). "사회사업학과 학생들의 기관 실습이 전문적 사회화에 미치는 영향". **사회과학연구 제3집**, 성심여자대학교 인간 및 사회복지연구소.

남세진(1984). "사회사업교육의 문제점과 개선 방향". 제2회 전국사회사업가대회보고서.

성규탁(1990). **사회복지 행정론**. 법문사.

양옥경 외(1993). **사회복지실천과 윤리**. 한울 아카데미.

이미라(1974). "사회사업학 실습실태 및 문제점에 관한 연구". 이화여자대학교 대학원 석사학위논문.

정진영(1980). "사회사업실습교육과 실습 모델에 관한 고찰". **사회복지 65호 봄호.**

태화기독교사회복지관(1985). **실습지도지침서.**

한국사회사업대학협의회(1976). **실습지도지침서.**

황진숙(1997). "사회사업실습경험에 대한 학생의 평가". 이화여자대학교 대학원 석사학위논문.

황성철(2005). **사회복지프로그램개발과 평가**. 공동체.

Abbot, A. A.(1986). The field placement contract : Ots use in maintaining comparability between employment-related and traditional field placements, *Journal of Social Work Education.*

Adelman, H. & Taylor, L.(1977). Two steps toward improving learning for students wish(and without) "learning problems" *Journal of Learning Disabilities.*

Armitage, A. & Clark. F. W.(1974). Designing issues in the performance-based curriculum.

Ausitin, D. M.(1986). *A History of social work education.* Austin, TX: University of Texas at Austin, school of Social Work.

Ausitin, M.(1981). *Supervisory Management for the Human Services.* Englewood Cliffs, N. J.: Prentice-Hall.

B. R. Worthen.(1987). Program Evaluation : Alternative and Practical guidelines. Longman. p.17.

Berte, R. (Ed)(1975). *Individualizing education through contract learning.* university, AL: University of Alabama Press.

Briggs, T. L.(1977). The role of field instruction in achieving the manifest and latent functions of professional education, In T. L. Briggs & G. M. Gross (Eds), *Field instruction: The perspectives on partnership*. Syracuse, NY: School of Socia Work, Manpower Monograph No. 12.

Colby, I. C.(1978). Contract grading : An assessment technique for social work education, *Journal of Social Welfare*.

Collins, D., Thronlison B. & Grinnell, Jr. R.(1992). *The Social Work Practicum : A Student Guide*. Itasca ILL : F.E. Peacock.

Compton & Galaway(1994). *Social Work Processess*. Brooks/Cole Publishing Company.

Council of Social Work Education(1982). Curriculum policy for the master's degree and baccalaureate degree programs in *Social Work Education*. New York : Council on Social Work Education.

Council on Social Work Education(1977). Summary information on master of social work programs, Diamonti, M. C. & Murphy, S. T. *Behavioral objectives and rehabilitation counseling education : A critique*. Rehabilitation Counseling Bulletin.

Council on Social Work Education, Field instruction in graduate school work education,. New York : Author, 1966.

George, A. A.(1982). History of social work field instruction :Apprenticeship to instruction. In B. S. Sheafor &L. E. Jenkins (Eds), *Quality field instruction in social work*. White Plains, NY: Longman.

Gronlund, N. E.(1970). *Stating behavioral objectives for classroom instruction*. New York : Macmillan.

Hamilton, M.(1981). Fieldwork : The core of "academic" social work. *Contemporary Social Work Education*.

Hamilton, N, & Else, J.(1983). *Designing field education : Philosophy, structure and process*. Springfield, IL: Chatles C. Thomas.

Jenkins, L. E. & Sheafor, B. W.(1982). An overview of social work field instruction, In B. W. Sheafor & L. E. Jenkins (Eds), *Quality field instruction in social work*. White Plains, NY : Longman.

Johnson, H. W.(1988). Volunteer work in the introductory course : A special curriculum component, *Journal of Social Work Education*.

Kadushin, A.(1985). *Supervision in Social Work* (2nd ed). N.Y.: Columbia Univ. Press.

Knowles, M. S.(1972). Innovations in teaching styles and approaches based upon adult learning, *Journal of Education for Social Work*.

Lawrence Shulman(1981). *Identifying Measuring and Teaching Heloing Skill*. New York : Council on Social Work Education.

Matson, M. B.(1967). *Field experience for undergraduate social welfare.* New York: Council on Social Work Education.

Miller, C. D.(1987). "Supervision in Social Work", *Encyclopedia of Social Work.* Silver Spring, Maryland : NASWW.

NASW(1995). *Encyclopedia of Social Work*, 19th Edition. The National Association of Social Workers, Inc. and the publisher House of Sharing Press.

Pratt, D.(1976). Humanistic goals and behavior objectives : Towark a synthesis, *Journal of Curriculum Studies.*

Schubert, M. S.(1965). Curriculum policy dilemmas in field instruction. *Journal of Education for Social Work.*

Schubert, M.(1966). "Assessment of Social Work Student Performance in Fieldwork" Unive. of Minnesota.

Sheafor, Horejsi & Horejsi(1997). *Techniques and Guidelines for Social Work Practice.* Allyn & Bacon.

Sikkema, M. A.(1966). Proposal for an innovation in field learning In field instruction in graduate social work education : Old problems and new proposals, New York : Council on Social Work Education.

Simon, B. K.(1966). Designing of learning experiences in field instruction. *Social Service Review.*

Tolson, E. R. & Kopp, J.(1988). The practicum : Clients, problems, interventions and influences on student practice, *Journal of Social Work Education.*

Towle, C.(1949). The classroom teacher as practitioner. In *Social Work as Human relations.* New York : Columbia University Press.

[부록 1]

실습 지도양식 및 평가도구4)

<table>
<tr><th>구분</th><th>양식명</th><th>비고</th></tr>
<tr><td rowspan="5">대학</td><td>1. 실습의뢰서</td><td>기관의뢰용 공문</td></tr>
<tr><td>2. 실습신청서</td><td>실습의뢰서(대학1번) 공문과 함께</td></tr>
<tr><td>3. 실습생 프로파일</td><td></td></tr>
<tr><td>4. 사회복지현장실습생의 자세</td><td></td></tr>
<tr><td>5. 실습지도계획서 및 지도양식</td><td>대학별 지도계획에 준하여 개별적 구성</td></tr>
<tr><td rowspan="8">기관</td><td>1. 실습신청의뢰서</td><td>대학 발송용 공문</td></tr>
<tr><td>2. 실습지도계획서</td><td>실습의뢰신청서(기관 1번) 공문과 함께</td></tr>
<tr><td>3. 실습지도자 프로파일</td><td>실습의뢰신청서(기관 1번) 공문과 함께</td></tr>
<tr><td>4. 실습의뢰에 대한 회신</td><td>대학에 대한 회신</td></tr>
<tr><td>5. 실습생 출근부</td><td></td></tr>
<tr><td>6. 실습지도 기록서</td><td></td></tr>
<tr><td>7. 실습평가서(대학발송용)</td><td></td></tr>
<tr><td>8. 사회복지현장실습 교육 수료증</td><td></td></tr>
<tr><td rowspan="7">실습생</td><td>1. 실습생 서약서</td><td></td></tr>
<tr><td>2. 실습계약서</td><td>실습초기에 실습당사자 협의 하에 작성</td></tr>
<tr><td>3. 실습일지</td><td></td></tr>
<tr><td>4. 실습기관 분석 보고서</td><td></td></tr>
<tr><td>5. 사례관리 관련 양식
5-1. 사례관리 계획서
5-2. 사례관리 진행일지
5-3. 사례관리 종결 기록서</td><td></td></tr>
<tr><td>6. 소집단지도 관련 양식
6-1. 집단지도 계획서
6-2. 집단과정 일지
6-3. 집단의 개별회원 분석표</td><td></td></tr>
<tr><td>7. 대집단지도 및 지역사회복지관련양식
7-1. 프로그램 계획서
7-2. 프로그램 평가서</td><td></td></tr>
</table>

4) 여기 제시된 양식 및 도구들은 별첨으로 제시되어 있음, 현재 제세된 상태 그래도 사용하는 것을 권장하나, 필요한 경우 수정하여 사용하는 것도 가능함.

	8. 사회복지정책 분석보고서	
	9. 사회행동, 옹호활동보고서	
	10. 사회복지기관(사업) 홍보 기획서	
	11. 개별면접일지	
	12. 가족상담 기록서	
	13. 사회조사 관련 양식 13-1. 사회조사 계획서 13-2. 사회조사 진행일지 13-3. 사회조사분석평가서	
	14. 기관방문 분석보고서	
	15. 지역탐방보고서	
	16. 실습중간평가서	
	17. 실습평가서	
기타	1. 사회복지사 선서	
	2. 사회복지사 윤리강령	

[부록 2]

실습에 참여하는 학습자 양식 검사지

1) 실습에 참여하는 학습자에 관한 이론적 고찰

구체적인 경험

학습주기에서 구체적인 경험의 단계는 매일 매일의 일상 생활 속에서 사람들과의 개인적인 몰입에 의지하는 경향이 있습니다. 학습상황에서 당신은 개방적인 마음과 변화에 적응할 수 있는 당신의 능력에 의지합니다.

느낌을 통한 학습

- 구체적인 경험을 통해 배우기
- 사람들과 관계하기
- 느낌과 사람들에 대해 민감하게 되기

반사적 관찰

이 단계의 학습주기에서 사람들은 다른 시각으로 개념과 상황을 이해합니다. 학습상황에서 당신은 인내성, 객관성, 그리고 주의 깊은 판단에 의지하지만, 반드시 어떠한 행동을 취하지는 않습니다. 당신은 자신의 의견을 갖기 위해서 당신 자신의 생각과 느낌에 의지합니다.

주의 깊게 바라보기와 듣기를 통한 학습

- 판단을 내리기 전에 주의 깊게 관찰하기
- 다른 시각에서 문제 바라보기
- 일의 의미를 찾기

추상적 개념화

이 단계에서 학습은 문제와 상황을 이해하기 위해 느낌보다는 사고를 사용합니다. 당신은 문제를 해결하기 위해 체계적으로 계획하고 이론과 생각을 발전시킵니다.

생각하기를 통한 학습

- 논리적으로 생각하고 분석하기
- 체계적으로 계획하기
- 상황에 대한 지적 이해에 따라 행동하기

행동적 실험

이 단계에서의 학습은 상황에 영향을 미치거나 변화를 가져오기 위해 행동적인 실험을 합니다. 당신은 단순히 상황을 지켜보는 것과는 반대로 실제 일어나고 있는 것에 관심을 갖고, 실제적인 접근을 합니다. 당신은 일이 이루어지는 것과 이러한 일에 대한 당신의 영향력과 노력의 결과를 보는 것에 가치를 둡니다.

• 일을 완성하는 능력
• 위험을 수반하기
• 행동을 통해 사람들과 사건에 영향을 미치기

학습동의(Learning Agreement)

A. 학습동의를 위한 안내

학습동의란 실습생과 실습지도자, 실습기관, 학교 간의 개별화된 작업동의를 말합니다. 이러한 동의는 기관의 사정과 우선순위, 자원 및 실습생의 학습욕구와 관심, 실습지도자의 이용 가능한 자원들을 고려하여 실습생과 실습지도자가 함께 발전시켜야 합니다. 학습동의는 실습평가서와 함께 아래의 내용을 명확하게 기술해야 합니다.

• 실습생의 학습욕구
• 학습 위한 과제와 기회
• 실습지도자와 실습생 책임

실습지도자는 학습과정이 순조롭게 이루어지도록 해야 합니다. 매 평가 시에 학습동의는 재협상되며, 실습의 목표와 목적을 실습평가서의 마지막 부분에 상세히 기술해야 합니다.

학습동의서를 작성하기 전에 아래의 내용을 반드시 읽어보시기 바랍니다.

B. 학습동의를 위해 생각해야 할 사항들

• 당신은 이번 실습에서 무엇을 배우기를 희망합니까? 어떤 종류의 경험과 지식, 기술을 얻기를 원합니까?
• 이번 실습을 위한 당신의 개인적인 장점은 무엇입니까?
• 당신은 실습에서 불확실하게 여기는 것은 어떤 것입니까? 당신이 실습에서 가장 걱정하는 것은 무엇입니까? 당신이 기꺼이 도울 수 있는 분야는 어떤 분야입니까?
• 당신은 얼마나 배우는 것을 즐기십니까? 당신이 배우도록 돕는 것은 어떤 것입니까?
• 당신이 배우는 것을 어렵게 만드는 것은 무엇입니까? 당신이 배우는 데 어려움을 느낄 때, 어떤 것들이 도움이 됩니까?
• 이번 실습이 이제까지의 당신의 사회사업 경험, 그리고 앞으로의 계획과 어떻게 연결이 됩니까?
• 이상적인 실습지도를 생각할 때 실습지도자의 어떤 자질이 당신이 성공적으로 학습하도록 돕는데 가장 중요하다고 생각합니까?

C. 학습동의과정

• 실습지도자와 실습생이 만나서 서로의 실습에 대한 생각과 기대를 이야기해야 합니다. 앞의 학습동의를 위해 생각해야 할 사항 중 가장 중요한 항목들을 선택하여 논의해야 합니다.
• 실습지도자와 실습생은 ① 첫 번 실습평가전까지 이루어질 학습기회 ② 지도감독 계획 ③ 과제 ④ 실습생의 실습지도자 책임 ⑤ 첫 번 실습평가를 위한 목표에 대해 구체적으로 논의해야 합니다.

실습에 참여하는 학습자 양식 검사지

지시 : 아래의 문항 각각에 대해 당신의 학습양식을 가장 적절하게 기술한 정도에 따라 4(가장 적절하다)부터 1(가장 적절하지 못하다)까지 기입해 주시기 바랍니다. 최근에 직장에서 뭔가 새로운 것을 배운 경험을 머리에 떠올리시고 한 문장도 빠짐없이 순서대로 적어주시기 바랍니다.

1. 내가 무엇을 배울 때

( ) ㄱ. 나는 내 느낌을 다루는 것을 좋아한다.
( ) ㄴ. 나는 보고 듣는 것을 좋아한다.
( ) ㄷ. 나는 개념들에 대해 생각하는 것을 좋아한다.
( ) ㄹ. 나는 실제로 행동으로 하는 것을 좋아한다.

2. 나는 …… 에 가장 잘 배운다.

( ) ㄱ. 내가 나의 육감과 느낌을 믿을 때
( ) ㄴ. 내가 주의 깊게 보고들을 때
( ) ㄷ. 내가 논리적인 사고에 의존할 때
( ) ㄹ. 내가 뭔가 되도록 열심히 일할 때

3. 내가 배우고 있는 동안

( ) ㄱ. 나는 강한 느낌과 반항을 갖는다.
( ) ㄴ. 나는 조용하고 주의 깊게 관찰한다.
( ) ㄷ. 나는 논리적으로 생각하는 경향이 있다.
( ) ㄹ. 나는 하고 있는 것에 책임을 느낀다.

4. 나는 …… 에 의해 배운다.

( ) ㄱ. 느낌
( ) ㄴ. 주의 깊게 바라보기
( ) ㄷ. 생각하기
( ) ㄹ. 행동으로 하기

5. 내가 배울 때

( ) ㄱ. 나는 새로운 경험에 나 자신을 개방한다.
( ) ㄴ. 나는 조용하고 주의 깊게 관찰한다.
( ) ㄷ. 나는 논리적으로 생각하는 경향이 있다.
( ) ㄹ. 나는 하고 있는 것에 책임을 느낀다.

6. 내가 배우고 있는 동안
   (　) ㄱ. 나는 직관적인 사람이다.
   (　) ㄴ. 나는 관찰하는 사람이다.
   (　) ㄷ. 나는 논리적인 사람이다.
   (　) ㄹ. 나는 행동하는 사람이다.

7. 나는 ……을 통해 가장 잘 배운다.
   (　) ㄱ. 개인적 관계들
   (　) ㄴ. 관찰
   (　) ㄷ. 합리적 이론
   (　) ㄹ. 시도하고 실행할 수 있는 기회

8. 내가 배울 때
   (　) ㄱ. 내가 개인적으로 일에 몰두되는 것을 느낀다.
   (　) ㄴ. 행동하기 전에 나의 시간을 갖는다.
   (　) ㄷ. 나는 개념들과 이론들을 좋아한다.
   (　) ㄹ. 나는 내가 일한 결과를 보는 것을 좋아한다.

9. 내가 가장 잘 배울 때는 …… 이다.
   (　) ㄱ. 내가 나의 느낌에 의지할 때
   (　) ㄴ. 내가 나의 관찰에 의지할 때
   (　) ㄷ. 내가 나의 생각에 의지할 때
   (　) ㄹ. 내가 스스로 시험해 볼 수 있을 때

10. 내가 배우고 있는 동안
   (　) ㄱ. 나는 수용적인 사람이다.
   (　) ㄴ. 나는 관찰하는 사람이다.
   (　) ㄷ. 나는 논리적인 사람이다.
   (　) ㄹ. 나는 책임감 있는 사람이다.

11. 내가 배울 때
   (　) ㄱ. 나는 열중한다.
   (　) ㄴ. 나는 관찰하는 것을 좋아한다.
   (　) ㄷ. 나는 일을 평가한다.
   (　) ㄹ. 나는 행동하는 것을 좋아한다.

12. 내가 가장 잘 배울 때는 …… 이다.

( ) ㄱ. 내가 수용적이고 개방적인 마음을 가질 때

( ) ㄴ. 내가 주의 깊을 때

( ) ㄷ. 내가 생각들(개념들)을 분석할 때

( ) ㄹ. 내가 실제 뭔가를 할 때

SCORE SHEET

___ + ___ + ___ + ___ + ___ + ___ + ___ + ___ + ___ + ___ + ___ + ___ + ___ = ___
1a 2a 3a 4a 5a 6a 7a 8a 9a 10a 11a 12a CE Total

___ + ___ + ___ + ___ + ___ + ___ + ___ + ___ + ___ + ___ + ___ + ___ + ___ = ___
1b 2b 3b 4b 5b 6b 7b 8b 9b 10b 11b 12b RO Total

___ + ___ + ___ + ___ + ___ + ___ + ___ + ___ + ___ + ___ + ___ + ___ + ___ = ___
1c 2c 3c 4c 5c 6c 7c 8c 9c 10c 11c 12c AC Total

___ + ___ + ___ + ___ + ___ + ___ + ___ + ___ + ___ + ___ + ___ + ___ + ___ = ___
1d 2d 3d 4d 5d 6d 7d 8d 9d 10d 11d 12d AE Total

[부록 3]

사회복지현장실습 지도양식 및 도구

[대학1]

실 습 의 뢰 서[5)]

수　신 :　　　　　　　　　　　　　　발 신 일 :
참　조 :
발　신 :
제　목 :

---

1. 항상 사회복지현장실습 교육을 위해 애써 주시는 귀 기관에 감사드리며 귀 기관의 무궁한 발전을 기원합니다.
2. 사회복지현장실습을 수강하는 본교 사회복지학과 학생의 실습을 의뢰하오니 아래를 참조하시어 협조하여 주시기 바랍니다.

------- 아　래 -------

1. 학생명 :　　　　　　　　(학생연락처:　　　　　　　　)
2. 실습기간 :
3. 실습지도교수 :
4. 실습담당조교 :
   (연락처 : 사회복지학과 ☎　　　　　　　　)

별첨1 실습신청서
별첨2 실습생 프로파일

○○ 대학교(원)　　○○대학　사회복지학과장

---

5) 학교 상황에 따라 고쳐 쓸 수 있음

[대학 2]

실 습 신 청 서

실습교육기관 :

1. 실습생 인적사항

이름		생년월일			
소속		학과/전공		학년/학기	
현주소					
전화번호	집:			휴대폰:	
E-Mail					

2. 실습 의뢰내용

실습 부서	
실습 분야	
실습 내용	
실습 기간	

* 상기 내용으로 귀 기관에 실습신청을 의뢰하며 실습생 신상서를 동봉합니다.

신청인(학생명): ______________________ 인

실습지도교수: ______________________ 인

학과장/대학원장: ______________________ 인

[대학 3]

실습생 프로파일

1. 인적사항

(사진)	실습생명		성 별		생년월일	
	소 속	대학교(원)		전공	학년(학기)	
	현주소					
	전화번호	집:	핸드폰:		E-mail	

2. 이수 전공과목

교과목명	이수 완료	현재 이수	교과목명	이수 완료	현재 이수	교과목명	이수 완료	현재 이수
인간행동과 사회환경			사회복지실천론			사회복지실천기술론		
지역사회복지론			사회복지정책론			사회복지행정론		
사회복지법제론			사회복지조사론			※ 상기 8교과목은 자격시험 필수교과로, 4과목 이상 이수해야 실습신청이 가능함		
사회복지개론			사회복지자료분석론			프로그램개발과 평가		
가족복지론			아동복지론			청소년복지론		
노인복지론			여성복지론			장애인복지론		
정신건강론			정신보건사회복지론			의료사회복지론		
학교사회복지론			산업복지론			자원봉사론		
사회문제론			사회복지발달사			사회보장론		
교정복지론			사회복지지도감독론			사회복지현장실습		
사회복지윤리와 철학								

3. 경력

구분 (취업, 실습, 봉사)	기관	기간	내용

4. 사회복지를 전공하게 된 동기와 내가 꿈꾸는 사회복지는?

5. 실습기관 선택 이유

6. 실습을 통해서 성취하고자 하는 목표

7. 실습을 마친 후 목표달성 정도를 파악할 수 있는 기준

8. 사회복지를 실천하는 데 있어 자신의 강점과 약점
   1) 사회복지 지식 및 기술의 측면
   2) 개인적인 특성 측면

9. 취미 및 특기

10. 실습기관, 실습지도자 및 실습지도교수에게 바라는 점

[대학 4]

사회복지현장 실습생의 자세

우리는 사회복지 실습생으로서 사회복지사 윤리강령과 다음 사항을 준수한다.

1. 실습의 목적과 중요성을 충분히 이해하고 실습계약 사항을 이행하기 위하여 최선의 자세로 실습에 임한다.
2. 실습은 대학에서 학습된 이론을 구체적으로 적용하는 과정임을 인식하여 이에 최선을 다한다.
3. 실습교육기관의 구성원이라는 생각으로 타 구성원과 협력하며 친화적인 태도를 취한다.
4. 기관의 정책을 이해하고 수용하며 실습과정에서 준수하도록 한다.
5. 근무시간은 기관의 규정에 준하며 직원과 동일한 자세로 근무시간에 임하도록 한다.
6. 실습시작 최소 10분전에 출근하여 출근을 확인하며, 업무에 관계된 사항을 사전에 준비하도록 한다.
7. 결근, 조퇴, 지각 등 근태와 관련된 사항은 반드시 실습지도자에게 사전에 보고하여 허락을 받도록 한다.
8. 실습지도자의 지시뿐 아니라 타 직원의 지도를 잘 이행하므로 실습효과를 최대화하도록 한다.
9. 직무에 강한 책임감과 열의를 갖고 적극적으로 임하며 타인에게 책임을 전가하거나 태만하게 행동하지 않는다.
10. 실습으로 인하여 알게 된 클라이언트의 사적인 정보를 교육적 목적(대학실습지도 등) 이외에는 절대 발설하지 않으며, 교육적 목적이라 하더라도 가명을 사용하여 개인의 비밀이 침해되지 않도록 한다. 실습종료 후, 실습관련 내용을 학회지 등에 게재하고자 할 때는 반드시 실습지도자와 상의하여 허락을 받아야 한다.
11. 실습지도자의 지도 혹은 타 실습생의 실습을 견학, 관찰할 경우 배우는 자세로 진지한 태도를 취한다.
12. 기관의 직원, 클라이언트 등에 대해 예의를 지킨다.
13. 복장, 소지품은 실습 기관의 특성과 상황에 맞게 취하되 가능한 화려한 것을 피하고 검소하며 단정한 것으로 착용하도록 한다.
14. 안전사고에 만반을 기하도록 하며 안전사고와 관련된 기관의 규정을 사전에 숙지하여 그에 준해 처리하도록 한다.
15. 실습일지를 비롯한 각종 실습기록은 사실에 근거하여 정확하고 구체적으로 정리하여 실습 시 실습지도자와 실습지도교수의 강평을 받는다.
16. 과제에 관하여 연구하고 그 결과물에 대해 실습지도자의 강평을 받는다.
17. 실습과정 중 어떤 경우라도 사례금 등의 금품을 절대 주거나 받지 않는다.
18. 과제물은 정해진 기일에 제출하고 출근 전에 작성을 마친다.
19. 기관의 명칭을 사적으로 활용하지 않으며 실습생의 신분을 지킨다.
20. 기관을 대표한다는 자세로 실습교육기관의 직원들과 동일한 업무 태도와 자세를 취한다.

[기관 1]

실 습 신 청 의 뢰 서

수　신 :　　　　　　　　　　　　　　　　　발 신 일:

참　조 :

발　신 :

제　목 :

---

1. 사회복지교육 및 연구활동을 통하여 사회복지발전에 전력하시는 귀하와 귀교의 무궁한 발전을 기원합니다.
2. 아래와 같이 실습교육이 가능하오니 관심 있는 학생들이 참여할 수 있도록 협조를 부탁드립니다.

------- 아　래 -------

1. 실습부서/분야 :
2. 실습지도자 :
3. 학교별 배정가능 학생수 :
4. 실습담당직원 :

　　　　(연락처: 사회복지학과 ☎　　　　　　　　　)

5. 실습비 :

별첨1 실습지도계획서

별첨2 실습지도자 프로파일

기관장(직인)

[기관 2]

실습지도자 프로파일

1. 인적사항

이름		성별	
기관명/부서		직책	
담당업무		전화	
이메일		팩스	
최종학력		최종학력의 전공	
사회복지사 1급 자격여부		실습지도자 자격여부	

2. 실습지도 및 실습분야 관련 주요 교육배경

교육명	주관단체	기간	수료/자격여부

3. 사회복지분야 근무경력

기관명	기간	직책	담당업무

4. 본인의 전공분야(현재 자신의 관심분야, 실천모델, 실천기술과 기법)

5. 실습지도자로서의 자신의 특성(강 · 약점)

6. 실습생에게 바라는 점

[기관 3]

실습의뢰에 대한 회신

귀 대학의 실습생의 실습의뢰를 수락합니다.

<table>
<tr><td>실습생명</td><td></td><td>소속대학</td><td></td></tr>
<tr><td>기관명</td><td colspan="3"></td></tr>
<tr><td>기관주소</td><td></td><td>전화번호</td><td></td></tr>
<tr><td rowspan="2">실습지도자</td><td rowspan="2">직위 :
부서 :
성명 :</td><td>전화번호</td><td>전화 :
(팩스 :)</td></tr>
<tr><td>E-mail</td><td></td></tr>
<tr><td>실습기간</td><td colspan="3">년 월 일 - 년 월 일
(오리엔테이션 일정: 년 월 일 시)</td></tr>
<tr><td>필요서류</td><td colspan="3">다음 서류를 실습개시일 ( )일전까지 우송바랍니다.
– 실습생 프로파일 1부
– 실습비 (원) (실습개시일 납부요망)
– 기타 필요한 서류
( )</td></tr>
<tr><td>실습을 위한 기타 준비사항</td><td colspan="3">– 참고문헌

– 사전 과제물</td></tr>
<tr><td>대학에 대한 의견</td><td colspan="3"></td></tr>
</table>

실습지도자 ______________ (인)

기 관 장 ______________ (인)

[기관 4]

실습생 출근부

성명 :　　　　　　　긴급연락처 :　　　　　　　전자우편 :

월　일	출근시간	퇴근시간	실습생 확인	실습 지도자 확인	지각, 조퇴, 결근여부	사유

* 기입요령 : 출근시간, 퇴근시간 표시, 퇴근 시 실습생 및 실습지도자가 확인함
지각, 조퇴, 결근 시 그 사유를 함께 기록함

[기관 5]

실습지도 기록서

실습지도자 :
실　습　생 :

일시	실습지도 내용	비고

[기관 6]

실습평가서(대학발송용)

실습기관		실습지도자	
실습 부서		실습지도교수	
실습기간			
실습생		평 가 일 시	

* 다음은 실습생에 관한 평가입니다. 실습생이 실습지도 기간 동안 보여주었던 태도와 행동을 기준으로 아래 항목에 솔직하게 평가해주기 바랍니다. 실습내용에 포함되어 있는 사항에 관해서만 평가하여주시고, 평균에는 평가항목 총점을 평가항목 개수로 나눈 점수를 기입하면 됩니다.

(1점 : 매우 그렇지 못하다. ~5점 : 매우 그렇다.)

항 목	내 용	1	2	3	4	5
실습 지도에 대한 태도	1. 실습지도 시간을 엄수한다.					
	2. 적극적이고 긍정적인 자세로 실습지도에 참여한다.					
	3. 실습지도에서 지적된 내용을 수용한다.					
	4. 배우는 입장에서 진지하게 노력하고 발전하려는 태도를 갖는다.					
	5. 실습지도자와 실습생으로서 공식적 관계를 형성한다.					
기관 이해 및 관계 유지	6. 동료실습생과 긍정적이고 원만한 협력관계를 유지한다.					
	7. 기관의 목적, 정책, 규칙, 사업내용을 이해한다.					
	8. 기관 내에서 실습생으로서의 권한과 한계를 알고 일한다.					
	9. 기관 내 타직원과 협조적인 대인관계를 형성, 유지하여 업무를 처리한다.					
기본적 태도와 자질	10. 일의 우선순위를 결정하는 능력이 있다.					
	11. 할당된 시간 안에 일을 계획하고 수행한다.					
	12. 자신의 장점과 단점을 잘 인식하고 대응한다.					
	13. 사회복지실천 지식을 실습내용에 적용한다.					
	14. 사회복지실천의 가치와 윤리를 갖고 임한다.					
	15. 전문가로서의 편견, 선입견, 고정관념을 인식하고 객관성을 유지한다.					
	16. 실습지도 내용을 실행에 옮긴다.					
	17. 실습과정을 책임감 있게 수행한다.					
기 록	18. 기록, 보고서 등을 정해진 일시에 제출한다.					
	19. 실습내용을 사실에 근거하여 정확하게 기록한다.					
	20. 실습내용을 체계적이고 구체적으로 기록한다.					
	21. 클라이언트와의 상호작용 및 실습생의 사고와 감정을 기록한다.					
	22. 실습지도를 통해 지적된 사항 및 배운 것을 정확히 기록한다.					

항 목	내 용	1	2	3	4	5
전문적 태도와 관계 형성	23. 클라이언트와 전문적 관계를 형성하고 활용한다.					
	24. 전문적 관계형성에서 동정과 감정이입을 구별하여 적용한다.					
	25. 주변의 자원을 파악하고 그것을 활용하려고 노력한다.					
	26. 비심판적이며 경청과 수용의 태도를 갖는다.					
	27. 클라이언트의 능력과 동기의 한계를 수용한다.					
	28. 실습지도자가 지시한 것을 잘 파악하여 실행에 옮긴다.					
개인에 대한 개입	29. 클라이언트가 표현한 의사소통과 암시적인 의사소통을 이해한다.					
	30. 실습생이 의도한 바를 클라이언트에게 명확하게 전달한다.					
	31. 클라이언트의 문제와 상황에 관련된 정확한 자료를 수집한다.					
	32. 수집된 자료를 체계적으로 종합하고 이론에 기초하여 사정한다.					
	33. 클라이언트 가족 등 주변의 지지자원을 활용한다.					
	34. 클라이언트와 환경의 상호역동성의 이해아래 개입목표와 전략을 수립한다.					
	35. 개입목표에 따라 클라이언트의 긍정적인 변화를 유도한다.					
가족에 대한 개입	36. 가족의 역동성을 파악하고 가족상황에 관련된 정확한 자료를 수집한다.					
	37. 가족의 구조를 명확히 이해하여 필요한 가족개입의 기술을 활용한다.					
	38. 가족의 상호역동성의 이해아래 개입목표와 전략을 수립한다.					
	39. 가족 구성원을 개별화하고 성원들이 긍정적으로 변화하도록 유도한다.					
집단에 대한 개입	40. 집단 역동을 파악하여 의미 있는 개입으로 집단을 지도한다.					
	41. 집단에서 주 진행자와 보조진행자의 의미와 역할을 알고 실천한다.					
	42. 집단의 구조를 명확히 하고 필요한 집단지도의 기술을 활용한다.					
	43. 집단 성원을 개별화하고 성원 간 의미 있는 관계를 형성하도록 한다.					
	44. 집단의 목적에 대해 정확히 사정한다.					
	45. 정확한 사정에 입각하여 적절한 프로그램을 계획하고 실행한다.					
	46. 집단의 상호작용이 목적 지향적이고 성원들이 긍정적으로 변화하도록 한다.					
지역사회에 대한 개입	47. 지역주민들이 지역사회의 요구와 문제를 파악하도록 돕는다.					
	48. 파악된 지역사회요구를 사회행동으로 계획하고 실행한다.					
	49. 지역사회구조와 권력에 대해 이해하고 그 지역사회 상황을 정확히 파악한다.					
	50. 지역사회자원을 정확히 파악하고 접근한다.					
정책 및 행정 분야	51. 정책형성 및 개선과 관련된 이해집단들의 문제 상황 및 요구와 정책발의자들 및 집행자들의 이해관계를 정확하고 객관적으로 이해한다.					
	52. 정책형성 및 개선과 관련된 이해집단과 건설적이고 전문적인 관계를 맺는다.					
	53. 문제 상황에 적합한 정책대안을 개발하는 데 적극적으로 참여한다.					
	54. 기본정보를 정확히 사용하며 실증적인 자료분석의 지식을 갖고 문제를 분석한다.					
	55. 사회복지행정체계 및 전달체계에 대해 정확하게 이해한다.					

항 목	내 용	1	2	3	4	5
기관 고유 항목	56.					
	57.					
	58.					
	59.					
	60.					

* 기관고유항목에는 기관의 특성과 실습상황에 맞는 평가항목을 슈퍼바이저가 추가적으로 직접 기입하고 평가할 수 있음.

총 평	(실습생의 실천가로서의 장단점 및 학교에 대한 건의)
총 점	
평 균 (총점/평가개수)	(기록 후 테이프 부착 후 실습지도자 서명 요망)

실습지도자: ______________ 인

기 관 장: ______________ 인

[기관 7]

사회복지현장실습 교육 수료증

수료번호 : ㅇㅇ(연도)-ㅇㅇ(번호)

ㅇㅇ대학(원) 성명 :ㅇㅇㅇ (학번)

상기 학생은 아래의 과정을 수료하였으므로
사회복지현장실습 교육 수료증을 발급합니다.

— 아 래 —

1. 실 습 지 도 자 :
2. 실 습 기 관 :
3. 실 습 기 간 :
4. 실 습 분 야 :

년 월 일

○○ 기관장 [직인]

[실습생 1]

실 습 생 서 약 서

본인은 ○○ 기관의 실습생으로서 다음의 사항을 준수할 것을 서약합니다.

1. 사회복지사 윤리강령

2. 클라이언트와 기관에 대한 비밀 유지

3. 실습교육기관 및 실습지도자의 요구사항

년 월 일

실습생: ________________ (인)

○○ 기관 귀중

[실습생 2]

실습 계약서

실습생		소속 학교	
실습기관		주소 / 전화번호	
실습지도자		실습지도교수	

1. 일반적 사항
   (1) 실습기간 : ________년 ________월 ________일부터
   ________년 ________월 ________일까지 총 ______일
   (2) 업무시간 : 주 ______일 근무, ______시부터 ______시까지
   (3) 학교 실습세미나 시간 : ______요일, ______시부터 ______까지
   (4) 결석에 대한 조치

2. 실습의 목적과 목표
   (1) 목적
   (2) 목표

3. 실습생의 의무와 책임

4. 실습지도자의 의무와 책임

5. 실습지도교수의 의무와 책임

상기 사항을 성실하게 이행하여 실습을 진행하도록 하겠습니다.

________년 ______월 ______일

실 습 생 ____________ 인
실습지도자 ____________ 인
실습지도교수 ____________ 인

[실습생 3]

실습일지

1. 실습생명 :
2. 실 습 일 :
3. 오늘의 목표 :

4. 진행내용(시간, 내용 등을 중심으로 기록)

5. 실습생 의견(실습수행내용에 대한 평가 및 분석, 배운 점, 의문사항, 건의 등 포함)

6. 실습지도자 의견

[실습생 4]

실습기관 분석 보고서

실습생명		기관명	
기관주소	(전화 :)		
기관소개자	(부서 : 직책 :)		

1. 기관의 역사
   (1) 기관 설립동기 및 설립목적
   (2) 기관 사업의 역사적 변천
   (3) 기관 역사에 대한 실습생의 평가

2. 기관의 목적

3. 기관의 주요사업 및 프로그램
   (1) 클라이언트 및 대상 지역
   (2) 주요사업
   (3) 서비스 전달체계
   (4) 기관의 대상층 및 주요사업에 대한 실습생의 평가

4. 기관의 행정사항
   (1) 기관의 조직구조
   (2) 예산, 후원 및 지원사항
   (3) 기관의 행정구조와 예산 사용 및 후원에 대한 실습생의 평가

5. 기관이 속한 지역사회, 물리적 환경의 특징
   (1) 지역사회
   (2) 물리적 환경(시설, 공간 등)

6. 사회복지기관으로서 지역 내 타 기관들과의 연계
   (1) 관계유형 및 내용
   (2) 기관의 타 기관과의 관계유지에 대한 실습생의 평가

7. 기관의 특별한 면이나 전반적인 사항에 대한 인상이나 느낌

[실습생 5-사례관리-1]

사례관리 계획서

실습생명:

클라이언트명		성 별		조사일	
주 소		전화번호		작성일	
직 업		학 력		연 령	
의뢰경위		경제상태	▫ 일반 ▫ 저소득 ▫ 수급자		

1. 일반적인 사항
   – 가족상황, 경제상황, 건강상황, 일상생활 및 주거상황, 사회심리적 상황, 자원활용상황

2. 클라이언트에 관한 사항
   – 신체, 인지, 정서, 행동기능면 / 클라이언트의 강·약점

3. 욕구진술

4. 개입계획

욕구	결과목표	세부목표	표적체계	개입전략 및 수행방법	비고(역할분담 등)

5. 서비스 일정표

날짜	담당	서비스 목표	서비스 내용	준비물	비고

[실습생 5-사례관리-2]

사례관리 진행일지(　　　회)

클라이언트명		실습생명	
일　　시		장　　소	

1. 목표 및 내용

결과목표	하위목표	서비스목표	서비스내용

2. 과정기록

3. 평가

1) 목표달성 및 서비스 평가

2) 클라이언트에 대한 평가

3) 사례개입에 대한 자신의 역할 평가

4. 계획

[실습생5-사례관리-3]

사례관리 종결 기록서

클라이언트명	
실습생명	
서비스제공기간	

1. 제공된 서비스

2. 사례관리 목표 달성정도

3. 사후지도 계획

[실습생 6-소집단-1]

집단지도 계획서

집 단 명 :	지도자명 :
대 상 :	성 원 수 :
기 간 :	장 소 :

1. 실시 배경

2. 목적

3. 목표

결과목표 1		결과목표 2	
하위목표 1-1		하위목표 2-1	
하위목표 1-2		하위목표 2-2	

4. 목표관련 지도내용 및 구체적 수행방법

결과목표	하위목표	지도내용	수행방법	비 고

5. 평가계획

평가지표	
평가도구	
평가방법	

6. 회기별 일정표

횟수	일시	목 표	내 용	준비물

7. 예산

[실습생 6-소집단-2]

집단과정 일지

지도자명		집단명	
집단진행날짜		집단활동장소	
참석자(　　명)명단			
결석자(　　명)명단			

1. 목표 및 세부목표

1. 목표:

2. 세부목표:
   2-1.
   2-2.

2. 집단진행요약

시간	프로그램 내용	사회복지사의 역할

3. 과정 기록

1) 모임 전 단계(자리 위치 표시)
2) 모임 단계
3) 모임 후 단계

4. 평가

1) 목표 달성 및 프로그램 평가
2) 집단의 역동성(성원-성원, 성원-지도자)
3) 성원의 개별 평가(개인의 변화, 참여도, 지도자, 타 회원과의 관계)
4) 지도자 자신에 대한 평가(역할 및 의도적 개입)

5. 다음 집단모임 계획

[실습생 6-소집단-3]

집단의 개별회원 분석표

회원명		집단명	
회원수		집단지도자(실습생)	

집단의 목표	
개인의 목표	

회기	날짜	참석여부/ 석인원	개인의 변화정도 및 내용	참여도	지도자와의 관계	타 회원과의 관계
1		/				
2		/				
3		/				
4		/				
5		/				
6		/				
7		/				
8		/				

종합평가

[실습생 6-소집단-4]

집단 종결 기록서

집단명		집단지도자(실습생)명	
집단진행 날짜		집단활동장소	
전체진행 회기수		출석률	
주요 진행사항			

1. 회원의 평가

1) 운영면
   (1) 프로그램 진행평가
   (2) 집단 참여 태도
2) 프로그램 내용
3) 목표달성
4) 다음 프로그램에 대한 의견
5) 지도자에 대한 평가

2. 지도자(실습생)의 평가

1) 집단의 특징
2) 회원의 참여도
3) 집단성원에 대한 개별화의 정도
4) 집단역학의 활용의 정도
5) 집단에 대한 발달단계분석

구분	초기	중기	말기
참여도			
개인의 변화			
지도자와의 관계			
타 회원과의 관계			
기타(　　　　　　)			
기타(　　　　　　)			

[실습생 7-대집단 및 지역사회복지-1]

프로그램 계획서

프로그램명		지도자(실습생)명	
대　상		참여자수	
기　간		장　소	

1. 프로그램 실시 배경

2. 프로그램 목적

3. 프로그램 목표

결과목표 1		결과목표 2	
하위목표 1-1		하위목표 2-1	
하위목표 1-2		하위목표 2-2	

4. 목표관련 지도내용 및 구체적 수행방법

결과목표	하위목표	지도내용	수행방법	비　고

5. 평가계획

평가지표	
평가도구	
평가방법	

6. 회기별 일정표

횟수	일시	목　표	내　용	준비물

7. 예산

[실습생 7-대집단 및 지역사회조직-2]

프로그램 평가서

프로그램명		지도자(실습생)명	
대 상		참여자수	
기 간		장 소	

1. 프로그램 목적 및 목표달성 평가

결과목표	하위목표	달성정도	평가근거	의의

2. 프로그램 과정 평가

1) 준비과정

2) 진행과정

3) 종결 및 정리과정

3. 프로그램 만족도 평가

4. 예산평가

5. 추후 프로그램을 위한 제언

[실습생 8-정책개발 및 평가]

사회복지정책 분석 보고서

분석자(실습생)명:

정 책 명	
관련법규/지침	
주무부서	

1. 문제제기 및 분석목적

2. 분석한 정책의 주요 내용

3. 자료수집 및 분석방법

4. 분석결과 논의

4.1. 정책목표분석
4.2. 정책이 추구하는 가치 분석
4.3 급여대상 분석
4.4 급여의 적절성 분석
4.5 급여의 전달체계 분석
4.6 재정 분석

5. 관련정책과 관련한 주요 이해당사자의 입장 분석

6. 분석한 정책의 개선방향 및 전망

7. 총평

[실습생 9-사회행동]

사회행동, 옹호활동 보고서

분석자(실습생)명:

구분	요약 제시
사회행동명	
활동 목적	
참여자	
대상 집단	
옹호 대상	

1. 문제제기 및 활동목적

2. 참여자의 특성

3. 대상집단의 특성

4. 옹호집단의 특성

5. 주요활동경과

6. 활동전략분석
   - 6.1 대상집단을 이기기 위한 힘을 얻기 위한 전략
   - 6.2 합법성을 확보하기 위한 전략(법적행동 포함)
   - 6.3 타 조직과 협력하는 전략
   - 6.4 전술을 연결시키는 전략
   - 6.5 협상을 전개하는 전략
   - 6.6 홍보 및 언론활용 전략

7. 향후 행동 전략 제안

[실습생 10-홍보]

사회복지기관(사업) 홍보 기획서

기획자(실습생)명:

1. 상품(홍보하려는 기관이나 사업)의 특성 분석(상품의 내용, 경쟁기관이나 사업의 존재여부 등)

2. 유치하려는 소비자 집단의 특성별 구분

3. 대상별 소비자에게 호소하기 위한 전략(담당, 장소, 방법 등을 일목요연하고 자세히 제시)

4. 홍보일정

5. 홍보예산

7. 첨부(보도 자료, 광고전단, 안내지 자료, 홈페이지 자료 등)

[실습생 11-개별상담]

개별면접 일지

실습생		면접날짜와 시간	
클라이언트		면접 장소	

1. 면접 준비과정

2. 면접목표

1. 2.

3. 과정기록 및 분석

면접내용	실습생 분석	실습지도 내용

＊주요한 면접장면에 대해서는 대화체의 기록을 직접 인용하는 것이 권장됨.
＊면접자의 의도적인 개입, 언어적 · 비언어적 의사소통 모두에 주의하여 기록할 것.
＊상기 내용이 포함된다면, 기관 상황과 면접 상황에 맞추어 별도의 양식을 활용해도 무방함.

4. 면접목표 달성에 대한 평가

5. 실습생 의견

6. 다음 면접 계획

[실습생 12-가족상담 및 치료]

가족상담 기록서

클라이언트(IP)		성별		연령	
날짜		장소		총회수/시간	
실습생				실습지도자	

1. 의뢰과정

2. 문제 상황에 대한 가족의 정의

3. 가계도

4. 가족생태도 : 가족의 하위체계 간 관계 등 기록

5. 가족의 사회자원망

6. 가족생활주기

7. 가족사정 및 이론적 근거

8. 개입 목표와 개입 전략

9. 개입 내용 정리

회기	내용	주요 질문과 내담자의 반응

10. 평가 및 사후관리계획

[실습생 13-사회조사계획서-1]

사회조사 계획서

조 사 주 제	
조사/분석일	
조사자(실습생)명	

1. 문제제기 및 조사문제의 제시
   1.1. 문제의 기술
   1.2. 검토될 조사문제에 대한 진술
   1.3. 문제의 중요성과 조사 필요성 제시

2. 조사와 관련한 문헌자료 검토
   2.1. 이론적 역사적 관점
   2.2. 문헌에서 파악된 차이점들 검토

3. 조사방법 제시
   3.1. 조사설계와 자료수집절차
   3.2. 표집설계
   3.3. 대상에 대한 기술
   3.4. 측정방법 기술
   3.5. 자료분석 절차

4. 예산

5. 기타 필요한 사항

6. 부록(관련 참고문헌, 설문지 등 필요한 자료 후 첨부할 수 있음)

[실습생 13-사회조사계획서-2]

사회조사 진행일지

조 사 주 제	
진 행 일	
조사자(실습생)명	

1. 조사 진행 단계 기록

2. 조사과정에서 보완되어야 할 사항 기록

3. 추후 조사 진행 계획

[실습생 13-사회조사계획서-3]

사회조사 분석 평가서

조 사 주 제	
조사/분석일	
조사자(실습생)명	

1. 문제제기 및 조사문제의 제시
   1.1. 문제의 기술
   1.2. 검토될 조사문제에 대한 진술
   1.3. 문제의 중요성과 조사 필요성 제시

2. 조사와 관련한 문헌자료 검토
   2.1. 이론적 역사적 관점
   2.2. 문헌에서 파악된 차이점들 검토

3. 조사방법 제시
   3.1. 조사설계와 자료수집절차
   3.2. 표집설계
   3.3. 대상에 대한 기술
   3.4. 측정방법 기술
   3.5. 자료분석 절차

4. 조사결과 제시
   4.1. 기술적 분석
   4.2. 인과적 분석

5. 논의점
   5.1. 밝혀진 사항에 대한 설명
   5.2. 실천에의 함의
   5.3. 평가의 한계와 약점

6. 참고문헌

7. 부록(설문지 외 조사와 관련된 주요자료 첨부)

[실습생 14-타기관방문보고서]

기관방문분석 보고서

* 특정 분야나 내용에 관심을 가지고 방문을 추진한 경우에는 별도의 양식을 활용하거나, 특정 내용만 선택하여 기록할 수 있습니다.

실습생명		방문기관명	
기관소재지	(전화:)		
기관소개자	(부서: 직책:)		

1. 기관방문 목적

2. 기관방문을 위한 질의사항 및 응답 정리

3. 기관방문을 통해 알게 된 지식

〈검토할 사항 예시〉

1. 기관의 역사
   (1) 기관 설립동기 및 설립목적
   (2) 기관 사업의 역사적 변천
   (3) 기관 역사에 대한 실습생의 평가
2. 기관의 목적
3. 기관의 주요사업 및 프로그램
   (1) 클라이언트 및 대상 지역
   (2) 주요사업
   (3) 서비스 전달체계
   (4) 기관의 대상층 및 주요사업에 대한 실습생의 평가
4. 기관의 행정사항
   (1) 기관의 조직구조
   (2) 예산, 후원 및 지원사항
   (3) 기관의 행정구조와 예산 사용 및 후원에 대한 실습생의 평가
5. 기관이 속한 지역사회, 물리적 환경의 특징
   (1) 지역사회
   (2) 물리적 환경(시설, 공간 등)
6. 사회복지기관으로서 지역 내 타 기관들과의 연계
   (1) 관계유형 및 내용
   (2) 기관의 타 기관과의 관계유지에 대한 실습생의 평가
7. 기관의 특별한 면이나 전반적인 사항에 대한 인상이나 느낌

[실습생 15-지역탐방보고서]

지역탐방보고서

조사자(실습생)명 :　　　　　　　　　　　　지역소개자 :

1. 탐방지역

2. 지역의 주요 사회지표 제시

3. 지역의 인구사회학적 특성

4. 지역의 사회경제학적 특성

5. 지역의 사회복지기관 및 자원 탐색

6. 필요하거나 보완되어야 할 사회복지서비스 제안

7. 결론

8. 첨부(관련 지도를 비롯한 탐방보고서 작성에 참조한 자료를 첨부할 수 있음)

[실습생 16-실습중간평가서]

실 습 중 간 평 가 서

* 본 평가서는 사회복지현장실습 지침서를 참고하여 실습생 본인이 작성하며, 서술양식으로 작성한 뒤 실습 실습지도자와 평가회를 갖는 것이 추천함.

실습생명		실습기관	
실습기간		실습지도자	
실습평가일		실습지도교수	

1. 실습목표와 관련된 실습내용 및 역할에 대한 평가

1.1. 수행한 실습내용 및 역할의 요약
1.2. 평가
1.3. 앞으로의 계획

2. 실습에 임한 자세 및 노력

3. 실습을 통해 배운 점

4. 앞으로 더 필요한 지식과 기술

5. 실습에서 어려웠던 점

6. 기관 및 실습지도자에게 건의할 점

[실습생 17-실습평가서]

실습평가서

* 본 평가서는 사회복지현장실습 지침서를 참고하여 중간평가와 종결평가 내용을 실습생 본인이 작성하며, 서술양식으로 작성한 뒤 실습지도자와 평가회를 갖는 것을 추천함.

실습생명		실습기관	
실습기간		실습지도자	
실습평가일		실습지도교수	

1. 실습일정에 대한 평가

2. 실습내용 및 역할에 대한 평가

3. 실습목표에 대한 평가
   1) 구체적이고 적절한 목표 설정 여부
   2) 목표의 달성 여부

4. 서비스 실천과정에 대한 평가 / 정책 및 행정 실습에 대한 평가
   1) 문제 파악 및 자료수집 능력 / 문제 인식 능력
   2) 문제 사정 능력 / 문제 분석 능력
   3) 개입 기술 / 문제해결을 위한 대안제시능력
   4) 면접 기술 / 기존지식과 정보의 사용능력
   5) 기록 기술 / 기록 기술
   6) 클라이언트와의 전문적인 관계 형성 / 유관 기관 및 관련된 사람들과 전문적인 관계 형성

5. 실습생의 자원활용에 대한 평가(인적, 물적 자원)
   1) 기관 외의 자원활용
   2) 실습과 관련된 참고서적의 활용

6. 실습에 임하는 자세에 대한 평가
   1) 업무관리
      (1) 시간 준수, 과제제출

(2) 주어진 일에 대한 업무조절 능력

2) 직원과의 관계(실습지도자, 타 직원, 타 전문직 직원)

3) 다른 실습생과의 관계

4) 실습에 있어서의 적극성 및 자발성

7. 전문적 태도에 대한 평가

1) 사회복지사로서 실습생 자신의 장 · 단점에 대한 인식

2) 전문가로서 윤리 및 가치관의 이행

8. 실습지도 활용 정도에 대한 평가

1) 실습생 자신의 실습지도 활용정도에 대한 평가

(1) 기관 실습지도

(2) 학교 실습지도

2) 실습지도 자체에 대한 평가

(1) 기관 실습지도

(2) 학교 실습지도

9. 기관 이해도에 대한 평가

1) 실습생의 과업과 관련된 기관의 목적, 정책, 행정 절차에 대한 이해

2) 실습생으로서의 기관 내의 권한과 한계에 대한 인식

10. 실습기간 중 가장 유익했던 내용

11. 실습시간 중 가장 안 좋았던 내용

12. 실습 기관, 실습 지도자, 대학에 대한 건의사항

13. 기타 하고 싶은 말

저자 소개

이 영 실

숭실대학교 대학원 사회사업학과(문학박사〈Ph. D.〉, 사회복지학 전공)

[약력(현) 및 주요 경력]

성결대학교 사회복지학부 정교수(현)

성결대학교 사회복지대학원장(현)

성결대학교 복지발전연구소 소장(현)

이사: 한국임상사회사업학회/한국사회복지학회(현)

안양시수리장애인복지관장(06.3.1~09. 2.28)

안양시비산사회복지관장(03.3.1~05. 2.28)

세브란스병원 정신보건사회복지사 외 다수

[주요 저서]

가족치료(양서원, 다수 공저, 2010)

정신보건사회복지론(창지사, 3인 공저, 2010)

정신건강론(창지사, 2인 공저, 2008)

지역사회복지론(신정, 다수 공저/임상사회사업학회, 2008)

사회복지실천기술론(와이드프로, 사회복지사1급, 2008)

사회문제론(파란마음, 다수 공저/임상사회사업학회, 2008) 외 다수

조 미 숙

서울여자대학교 대학원 사회사업학과(문학박사〈Ph. D.〉, 사회복지학 전공)

[약력(현) 및 주요 경력]

삼육대학교 사회복지학과 부교수(현)

한국임상사회사업학회 수석부회장(현)

이사: 한국임상사회사업학회/한국사회복지교육협의회(현) 외 다수

한국가정법률상담소 춘천지부 상담실장(1991.~1995) 외 다수

[주요 저서]

Care Management 사례관리(창지사, 5인 공저, 2006)

사회복지개론(신정, 다수 공저, 2006)

사례관리와 사회복지실천(창지사, 2006) 외 다수

이 미 선

서울여자대학교 대학원 임상사회사업 전공/사회복지학박사(Ph. D.)

[약력(현) 및 주요 경력]
경기공업대학 아동보육복지과 조교수(현)
한국임상사회사업학회 이사(현)
시흥외국인복지센터운영위원(현) 외 다수
대한사회복지회 상담원/기획과장외 다수

[주요 저서]
입양의 생애주기(2007): 번역서
지역사회복지론(2007): 공동저서
사회복지실천기술론(2008): 공동저서 외 다수

강윤경

성결대학교 대학원 사회복지학과 박사과정 중(현)

[약력(현) 및 주요 경력]
성결대학교 사회복지학부 겸임교수(현)
성결대학교 복지발전연구소 팀장 및 수석 연구원(현)
한국임상사회사업학회 이사(현)
안산시정신보건센터 정신보건사회복지사 외 다수

[주요 저서]
가족치료(양서원, 다수 공저, 2010)
정신보건사회복지론(창지사, 3인 공저, 2010)
EBS 사회복지사 1급 모의고사: 인간행동과 사회환경(와이드프로, 3인 공저, 2007).
EBS 사회복지사 1급 모의고사: 사회복지조사론(와이드프로, 3인 공저, 2007).

사회복지현장실습

초판 1쇄 발행 2010년 3월 15일
초판 2쇄 발행 2013년 8월 30일

지은이 | 이영실 · 조미숙 · 이미선 · 강윤경
펴낸이 | 김기섭
펴낸곳 | 창지사 www.changjisa.com
153-802 서울특별시 금천구 가산디지털 1로 83 파트너스타워1차 (9F, B1F)
전화 (02) 719-2211~3
팩스 (02) 701-9386
등 록 | 1977년 4월 28일 · 제1-421호

ISBN 978-89-426-2191-0 (93330)

값 11,000원